Rádios comunitárias
Mobilização social e cidadania
na reconfiguração da esfera pública

Lílian Mourão Bahia

Rádios comunitárias
mobilização social e cidadania
na reconfiguração da esfera pública

autêntica

COORDENADOR DA COLEÇÃO
Márcio Simeone Henriques

CONSELHO EDITORIAL
Cicilia Maria Krohling Peruzzo; Desirée Cipriano Rabelo; Márcio Simeone Henriques; Nisia Maria Duarte; Werneck; Rennan Lanna Martins Mafra

EDITORAÇÃO ELETRÔNICA
Luiz Flávio Pedrosa

REVISÃO
Ana Carolina Lins Brandão
Cecília Martins

AUTÊNTICA EDITORA LTDA.

Rua Aimorés, 981, 8º andar . Funcionários
30140-071 . Belo Horizonte . MG
Tel: (55 31) 3222 68 19
Televendas: 0800 283 13 22
www.autenticaeditora.com.br

Dados Internacionais de Catalogação na Publicação (CIP)
(Câmara Brasileira do Livro, SP, Brasil)

Bahia, Lílian Mourão
    Rádios comunitárias : mobilização social e cidadania na reconfiguração da esfera pública / Lílian Mourão Bahia. -- Belo Horizonte : Autêntica Editora, 2008.
-- (Coleção Comunicação e Mobilização Social)

Bibliografia.
ISBN 978-85-7526-367-9

1. Cidadania 2. Comunicação de massa - Aspectos sociais 3. Comunidade 4.Rádio comunitário I. Título. II. Série.

08-10628   CDD-302.2344

Índices para catálogo sistemático:
1. Rádio comunitário : Meios de comunicação social : Sociologia 302.2344

A tia Dalva, que me amparou, pela sua generosidade e delicadeza.

A Anita e Ruy, que me deixaram o encantamento
pelo livro e pelo conhecimento.

A Éden e Márden, por caminharmos e aprendermos juntos.

A Thaís, Natália, Daniel e Leonardo, por todo amor.

AGRADECIMENTOS

Este trabalho me deu oportunidade de perceber a rede de solidariedade que existe à minha volta:

Agradeço a Deus, que me deu tanto;

À profa. Dra. Cicília Peruzzo, pela sua percepção, sensibilidade e produção intelectual sobre a comunicação comunitária, que me motivaram a investigar os vários sentidos de comunidade e as rádios comunitárias;

Ao prof. Dr. Valdir de Castro Oliveira, que primeiro me sensibilizou a compreender a importância de ouvir as vozes comunitárias;

À Lílian de Braga Almeida, pelo profissionalismo e sensibilidade. Não há palavras que expressem todo o meu agradecimento;

À profa. Dra. Maria Ângela Mattos, pelas pacientes conversas, por compartilhar conhecimento, livros e textos;

Colhi frutos e significados sociais de grande valor durante minha breve relação com os líderes comunitários do Aglomerado Santa Lúcia e das comunidades rurais de Brumadinho, que, diariamente e de forma quase artesanal, ajudam a montar o cenário para a construção da identidade que abre espaço para a plena cidadania. A eles, o meu agradecimento especial.

SUMÁRIO

Prefácio 11

Introdução 15

Capítulo 1
Rádios comunitárias: o que traz
de novo esse conceito? 25

Capítulo 2
Esfera Pública e rádios comunitárias:
antecedentes históricos e seus desdobramentos
na contemporaneidade 49

Capítulo 3
Rádios comunitárias: identidade, cidadania e
reconhecimento 81

Capítulo 4
O movimento das rádios
comunitárias no Brasil 107

Capítulo 5
A reconfiguração da esfera pública na Região
Metropolitana de Belo Horizonte pelas rádios
comunitárias: um estudo de caso da União
e da Inter-FM 131

Considerações finais 190

PREFÁCIO

Cicilia M. Krohling Peruzzo

O lançamento do livro *Rádios comunitárias: mobilização social e cidadania na reconfiguração da esfera pública,* de autoria de Lílian Mourão Bahia, significa o coroamento de um processo de estudo levado muito a sério pela autora, que soube se abrir ao novo, ou seja, teve o mérito de despir-se de algumas "certezas" previamente imaginadas para poder entender e captar evidências que a realidade concreta lhe anunciava.

O livro resgata aspectos históricos das rádios comunitárias no Brasil, especialmente sobre a dicotomia entre sua importância na ampliação da cidadania e democratização da comunicação e os percalços enfrentados diante de uma legislação restritiva que dificulta seu funcionamento. Mas o foco principal do livro, originalmente dissertação de mestrado, é descrever e analisar duas experiências de rádio comunitárias da Região Metropolitana de Belo Horizonte à luz dos conceitos de esfera pública, comunidade, comunicação comunitária, identidade e reconhecimento social.

Importantes reflexões são feitas sobre o tipo de inserção das rádios em suas "comunidades", os níveis de participação dos cidadãos nas emissoras, sua capacidade de trabalhar na valorização de assuntos e identidades locais e o conseqüente potencial para favorecer o reconhecimento público do sujeito. Refiro-me às organizações coletivas – autonomamente constituídas – e suas lideranças (o cidadão que se faz líder comunitário pelo trabalho realizado) como sujeitos históricos que assumem o protagonismo popular de um canal de comunicação historicamente controlado pelas classes sociais detentoras do poder econômico, político e jurídico.

Esse reconhecimento se realiza dentro do próprio ambiente em que a emissora serve de canal de expressão e irradia sua voz, mas ganha ressonância no conjunto da sociedade. Esse último aspecto pode ser percebido quando órgãos públicos, ou seja, o Estado, procuram as emissoras para veiculação de campanhas de interesse público, aceitam conceder entrevistas, etc., bem como quando atendem reivindicações populares ao acesso de direitos de cidadania.

Em síntese, a autora pretendeu compreender se as rádios comunitárias contribuem ou não para a reconfiguração da esfera pública local. Partindo dos conceitos originários de esfera pública, mas ampliando-os com base nas críticas e em reelaborações processadas ao longo do tempo, concluiu – amparada por pesquisa empírica – que, apesar das dificuldades e limitações, as rádios Inter-FM e União "enfatizam um modelo comunicativo democrático e colaboram para reconfigurar a esfera pública midiática na região, ainda que de forma embrionária e descontínua".

Os limites das emissoras comunitárias identificados no estudo de Lílian Mourão Bahia, com as devidas exceções, refletem a situação geral dessa prática comunicacional em todo o Brasil. Por um lado, tendência em reproduzir a lógica de gestão e de programação das emissoras comerciais, principalmente no que se refere à música (a maior parte da programação veicula músicas de sucesso comercial do momento) e à linguagem (estilo gritado das FMs). Algumas até tentam disputar as verbas publicitárias de pequenos negócios comerciais da região, além de centralizarem a gestão. Quanto à imitação da programação e ao sistema de gestão, do meu ponto de vista, o fenômeno se explica pela falta de experiência das lideranças com outro tipo de prática comunicacional, ou mesmo pela falta de orientação de que a rádio comunitária pode (e deve) ser diferente.

Por outro lado, outra semelhança é a visão de que a sustentabilidade depende de anúncios publicitários (e não apenas do apoio cultural). Nesse aspecto, excetuando os casos de certas rádios que se denominam comunitárias, mas passam a ter "donos" particulares e têm como finalidade primeira a geração de renda, o que se verifica naquelas de caráter eminentemente comunitário e sem fins lucrativos é a necessidade de recursos para sua manutenção e sobrevivência como forma de poderem continuar operando e prestando serviços benéficos à localidade.

De fato, como não há no País, até o momento, nenhum fundo público de apoio à comunicação comunitária, parece que a maioria das rádios nem vislumbra outra forma de sustentabilidade que não seja a convencional (anúncios, doações de terceiros, etc.). As emissoras acabam optando por saídas próprias para poderem operar segundo as condições de cada lugar. Apesar de realizarem trabalhos voltados para o desenvolvimento comunitário, não têm apoio do poder público na criação de mecanismos que favoreçam seu funcionamento. O mesmo acontece com os canais comunitários da televisão a cabo.

As distorções são superáveis se houver vontade política, tanto no nível comunitário como no governamental (município, estado e federação), a partir da criação de políticas públicas de comunicação comunitárias democráticas.

Ao terminar, concordo com Lílian Mourão Bahia quando diz que, além de contribuírem para a formação e consolidação de identidades locais, as rádios comunitárias abrem espaço para o exercício da cidadania e possibilitam a pluralização das vozes, enfim, para a formação de esferas públicas locais, mais plurais e democráticas.

São Paulo, 26 de junho de 2008

INTRODUÇÃO

A movimentação da sociedade civil sempre despertou atenção justamente por refletir a força que brota das demandas da população. O interesse é ainda maior quando se constata que inúmeras necessidades, antes não consideradas, tornam-se agora evidenciadas diante do mais fácil acesso do homem à informação quanto aos seus direitos e possibilidades de questionar, de atuar, de interferir, de exigir. As tecnologias e os meios de comunicação têm relevante participação e significação nesse novo contexto dado o seu grande potencial de mobilização social, sobretudo as mídias comunitárias, que refletem vínculos com os movimentos organizados pela sociedade civil.

Não é de se surpreender que o movimento que luta pela legalização das emissoras comunitárias seja objeto de inúmeras e ricas pesquisas nas últimas décadas, afinal essas pessoas buscam nada mais do que atender aos próprios apelos de se comunicar, de priorizar informações que lhes interessam, de falar de si, do seu grupo, da realidade que comungam e dos projetos que desenvolvem. Elas querem (falar) muito mais.

O que lhes dificulta (mas não impede) de também produzirem e fazerem circular as suas informações é que estão inseridas num cenário cada vez mais caracterizado pela consolidação do poder das empresas privadas de comunicação e pela formação de grupos do setor.

Não há como não levar em conta que, num contexto tão profundamente marcado por tecnologias de última geração, milhares de pessoas insistem em realizar seus contatos e demandas de comunicação por meio das ondas radiofônicas. E pretendem fazer isso comunitariamente. Fenômeno que mostra trilha ascendente em toda a América Latina, as rádios comunitárias emergem no cenário da comunicação midiática no Brasil como iniciativa político-cultural organizada pela sociedade civil, exercendo forte pressão para o governo democratizar a comunicação na esfera pública mediante o acesso à produção e transmissão de mensagens de interesse coletivo não veiculadas pelas mídias convencionais.

Além das já conhecidas restrições e dificuldades para concretizar suas potencialidades democráticas, outros problemas rondam a luta pela legalização das rádios comunitárias na América Latina, como a falta de unidade quanto à sua denominação (rádios livre, comunitária, popular, alternativa, entre outras). Nos diversos países onde ocorrem, tais experiências empregam nomes diferentes, geralmente relacionados com o contexto onde atuam ou de acordo com a programação e linha de atuação. Tal cenário, com freqüência, causa confusão quanto à especificidade das rádios, assim como sobre suas práticas junto às comunidades. Essa situação, ao mesmo tempo que é problemática, pode ser considerada uma das grandes riquezas do movimento, justamente pela diversidade de experiências, denominações e de usos e apropriações que as comunidades e suas entidades fazem das rádios comunitárias.

A falta de homogeneidade é constatada também na legislação que regulamenta o serviço radiofônico comunitário, sendo que nos inúmeros países da região o setor é regulamentado por leis com diferenciados níveis de restrições e controle. Experiências latino-americanas refletem a falta de autonomia de emissoras populares da região frente ao Estado, cujo grau de dificuldade de atuação pode estar relacionado à pressão contrária exercida pelas rádios comerciais.

A essas dificuldades soma-se um cenário permeado por outros problemas que acabam por limitar o desenvolvimento do setor, entre os quais merecem destaque a precariedade de equipamentos e instalações, de recursos técnicos e humanos, somada à programação precária. Acredita-se que a falta de capacitação dos trabalhadores e dos agentes das rádios seja outro fator limitante para a consolidação das emissoras comunitárias, já que as torna suscetíveis à reprodução de modelos praticados pelas rádios convencionais, entre outras práticas que desvirtuam o sentido comunitário dessas emissoras.

Observa-se ainda que não são muito freqüentes, no número reduzido de rádios comunitárias investigadas, práticas de participação da comunidade na programação e nas atividades das emissoras, além da pouco expressiva interação popular na gestão e na definição da programação. Nessa mesma questão, insere-se a problemática resultante da falta de sistematização das experiências, o que dificulta identificar o real nível de interação das comunidades na rotina de trabalho das rádios.

No entanto, a despeito de todos esses entraves, constatam-se inúmeras experiências de rádios comunitárias no Brasil e em países da América Latina que comprovam seu potencial, tanto de mobilização social, como democratizador, para abrir espaço para a expressão de grupos, movimentos e entidades comunitárias e humanitárias excluídos do espaço relativo ao rádio comercial. Nesse sentido, tais emissoras podem são consideradas práticas comunicacionais que podem contribuir para pluralizar as vozes, enfim, para tornar a esfera pública mais plural e democrática.

A esfera pública contemporânea

O conceito de esfera pública e sua reconfiguração na contemporaneidade são fundamentais para essa discussão, na medida em que a imagem de "praça pública", no sentido de abrigar diferentes percepções e interesses, norteia este trabalho. Outras noções mostram-se também essenciais para a compreensão dos elementos instituintes das práticas de comunicação e de vinculação social representadas pelas rádios comunitárias, como identidade, cidadania e reconhecimento.

Este livro considera o sentido de esfera pública, concebida como instância de livre expressão e crítica ao governo monárquico, especialmente por parte da elite intelectual e da classe burguesa que freqüentava as casas de chá e os cafés londrinos. Nessa ótica ela é entendida como esfera de mediação entre Estado e sociedade civil, entre poder público e espaço privado, esse último visto como autônomo e emancipado do Estado e publicamente relevante.

A revisão desse conceito e a reconfiguração da esfera pública na contemporaneidade são também abordadas a partir de perspectivas que consideram a existência de pluralidade de esferas públicas constituídas pelas classes populares e pelos movimentos sociais organizados da sociedade civil, e não restritas aos espaços institucionalizados (parlamento e imprensa, por exemplo) e à burguesia, entre outras classes sociais. Nesse contexto, entende-se que a comunicação midiática alternativa, e em especial as rádios comunitárias, exercem importante papel na reconfiguração da esfera pública, que deixa, então, de ser uma ágora idealizada para tornar-se um espaço concreto de intercâmbio permanente de significados, vivências e lutas sociais, plural, que abriga temas e vozes de atores sociais de diferenciados níveis socioeconômicos, políticos, culturais e raciais.

O conceito de comunidade aqui trabalhado referencia-se em perspectivas dialéticas e processuais para analisar a comunidade no complexo cenário contemporâneo, enfatizando dimensões outras não contempladas pelas visões tradicionais de comunidade. Entende-se que o termo permite múltiplas interpretações em face dos inúmeros sentidos que abriga, como por exemplo, a partir da consideração territorial e profissional, além de aspectos subjetivos, intersubjetivos, socioculturais. Mesmo que não seja um paraíso de calmaria, a comunidade é uma esfera que permite encontros a partir dos quais se constroem o sentimento de pertencimento e de reconhecimento social, bem como a identidade e a cidadania, num contexto permeado por tensões e contradições.

Identidade, à luz da teoria sociológica, é entendida como instância marcada pela coesão, pelo consenso e pelo compartilhamento de valores dos indivíduos que compõem os agrupamentos humanos. A percepção do conceito de identidade abrange tanto sua dimensão pessoal e coletiva quanto a interface com outras dimensões do processo de construção da subjetividade e da sociabilidade na contemporaneidade. Este livro valoriza também a perspectiva que concebe a identidade na sua articulação com a cidadania, a comunidade, a cultura e o reconhecimento, entre outras instâncias constitutivas das identidades.

O estudo sobre cidadania faz breve recapitulação histórica do conceito e permite perceber a relação entre seu entendimento e o estágio de desenvolvimento socioeconômico da sociedade. Nesse sentido, chama a atenção para os inúmeros sentidos do termo e estabelece inter-relação entre esse conceito e a luta pela conquista de direitos dos cidadãos.

Já o elemento reconhecimento é analisado como a necessidade de o indivíduo ser reconhecido pelo trabalho e pelas iniciativas empreendidas em benefício coletivo. Entre as três formas de reconhecimento identificadas por Axel Honneth (1995), as relações primárias, que envolvem vivências no plano do amor e da amizade; as relações legais, identificadas pelo direito; e a comunidade de valor, que é norteada pela solidariedade, este estudo se norteia, sobretudo, pela terceira, em face do potencial das rádios comunitárias estimularem e mobilizarem ações de caráter coletivo em prol do desenvolvimento das comunidades onde elas se inserem. Como se vê, o reconhecimento adquire a dimensão da busca do sujeito por consideração como pessoa a partir da sua relação com a coletividade e das atividades que realiza em prol da sua comunidade.[1]

Este livro referencia-se, como se vê, na perspectiva da interseção entre o conceito de reconhecimento, cidadania e reconfiguração da esfera pública pelos sistemas de comunicação midiáticos e, em particular, pelas emissoras de rádio comunitárias. A partir de inúmeras entrevistas, constatou-se que as pessoas que falam nos microfones dos veículos radiofônicos, por exemplo, adquirem notoriedade por passarem a ser conhecidas publicamente, deixando de ser indivíduos privados para se tornarem sujeitos públicos.

Importante destacar que o olhar teórico sobre essa realidade tem a preocupação de evidenciar que a situação real, a atuação das emissoras comunitárias na RMBH, pode ser verificada em outros contextos. A expectativa é que tal construção possa ser adaptada a outras realidades, mesmo porque essa é uma questão cada vez mais mundial.

Rádios pesquisadas

A Inter-FM está localizada em Brumadinho, município a cerca de 50 quilômetros da capital mineira que conta com aproximadamente 33 mil habitantes distribuídos numa área de aproximadamente 600 quilômetros quadrados. A emissora está no ar desde 1996, mas foi fechada e impedida de funcionar por duas vezes – inicialmente por uma ação do Departamento de Telecomunicações (antigo Dentel) e, posteriormente, pela Agência Nacional de Telecomunicações (ANATEL). Hoje, já legalizada como emissora comunitária, ela funciona até as 22 horas e é coordenada por Leci Strada.

---

[1] Chama-se a atenção para a diferença existente entre esse tipo de reconhecimento e a busca pela visibilidade das pessoas que participam de programas na grande mídia, a exemplo do *Big Brother* e outros, que conferem fama simplesmente como divulgação da imagem ou coisas do gênero.

A Rádio União foi criada em abril de 1998 por alguns jovens moradores que se sentiam insatisfeitos em perceberem que as reivindicações da população local não eram atendidas pelo poder público municipal. A rádio serviu como canal para denunciar o descaso das autoridades municipais. Essa emissora possui uma das maiores áreas de abrangência de Belo Horizonte e está localizada no Aglomerado Santa Lúcia, em região nobre da capital mineira. Amparada por liminar, a Rádio União transmitiu seus programas pela freqüência 90,1 FM até início de janeiro de 2006, quando um telefonema anônimo avisou à ANATEL que a liminar já havia vencido. A direção da emissora já está em contato com a ANATEL para regularizar sua situação. A rádio está instalada em prédio cedido pela paróquia local e seus sinais são recebidos em toda a Região Metropolitana de Belo Horizonte, composta por 33 municípios.

A opção por essas duas emissoras deu-se em função de alguns critérios, como tempo de funcionamento superior a cinco anos e situação legal no Ministério das Comunicações.[2] Pretendeu-se também investigar emissoras com diferentes perfis de ouvintes, instaladas em comunidades urbanas e rurais, favelas e meio rural.

Além de caracterizar os recursos técnicos e humanos disponíveis nas rádios investigadas, pretendeu-se ainda averiguar se as comunidades locais participam e interagem com as programações, de que forma o fazem e até que ponto essas emissoras inovam e rompem, de fato, com o modelo radiofônico praticado pelas emissoras comerciais. Considerou-se relevante, por fim, compreender como as pessoas que trabalham

---

[2] Durante toda a pesquisa acreditou-se que a Rádio União transmitia seus sinais segundo as determinações da legislação em vigor. Somente nas últimas semanas do período de realização desta pesquisa (fevereiro de 2006) é que se tomou conhecimento de que a liminar que autorizava o funcionamento da Rádio União havia sido revogada em 2002, fato que a própria direção da emissora desconhecia.

nas rádios percebem o que seja uma rádio comunitária e qual a importância e a contribuição dessas rádios na vida dos moradores daquelas comunidades.

A partir dessa proposta, a pesquisa foi norteada pelas seguintes indagações: as rádios comunitárias, notadamente da Região Metropolitana de Belo Horizonte, contribuem, de fato, para a reconfiguração democrática da esfera pública nas comunidades onde atuam? Quais os entraves da atuação das emissoras radiofônicas de alcance comunitário para agirem como reconfiguradoras das esferas públicas locais? Em que medida as rádios comunitárias contribuem para a formação e a fixação das identidades locais, como também para o exercício da cidadania e do reconhecimento social das populações locais onde atuam? Quais são os diferentes sentidos/significados que os atores e movimentos sociais ligados às experiências das rádios comunitárias atribuem à prática da rádio comunitária?

A análise dessas questões baseou-se em entrevistas realizadas com os dirigentes das rádios comunitárias focalizadas neste trabalho, visando obter informações acerca da natureza social e jurídica das emissoras, data de fundação e tempo de funcionamento, assim como identificar os recursos técnicos, financeiros e humanos, os conteúdos, os formatos e as linguagens dos programas. Outras questões mereceram atenção, como a existência de vínculos das emissoras com entidades comunitárias, político-partidárias, religiosas, culturais e com organizações privadas e públicas, além das formas de patrocínio e da participação e da interação das audiências com a programação das rádios comunitárias.

Foram entrevistadas também as lideranças locais, como, por exemplo, presidentes de associações de moradores, padres, pastores e outros grupos organizados das comunidades pesquisadas, de quem procurei extrair informações a fim de identificar se e de que maneira as rádios modificaram a vida daquelas comunidades e como os moradores percebem e interagem com as emissoras no seu cotidiano. Somente os líderes vinculados a alguma entidade comunitária foram entrevistados, por entender que esses gozam de maior credibilidade junto à população, na medida em que foram democraticamente eleitos para representá-la. A isso soma-se o fato de eles sintetizarem conhecimento mais amplo da comunidade.

Este livro estrutura-se em cinco capítulos. O primeiro apresenta a discussão sobre o fenômeno das rádios comunitárias e identifica a movimentação da sociedade em busca da legalização de tais veículos em meio ao dinâmico e contraditório processo de democratização da comunicação brasileira. Traz a contextualização histórica e a conceitação das rádios comunitárias, bem como de comunidade e do local, considerando suas perspectivas num cenário em que as novas tecnologias de comunicação e de informação eliminaram as fronteiras e resultaram no descentramento do homem pósmoderno. Discute ainda a comunicação popular, a alternativa e a massiva, ressaltando suas tensões e contradições.

O segundo, "Esfera pública e rádios comunitárias", recupera os conceitos iniciais de Jürgen Habermas sobre a esfera pública e a releitura pelo próprio autor. Aborda também as críticas e a atualização do conceito por outros estudiosos, que o analisam a partir do contexto midiático contemporâneo e na sua articulação com os movimentos sociais contemporâneos.

O terceiro capítulo, "Rádios comunitárias, identidade, cidadania e reconhecimento", também teórico, reflete sobre a ressignificação dos conceitos de comunidade, do local e da comunicação comunitária, além de enfatizar as inter-relações existentes entre esses e as dimensões identidade, cidadania e reconhecimento. Procura evidenciar como esse conjunto de elementos, dimensões e relações deve ser considerado pelas emissoras radiofônicas comunitárias.

O quarto capítulo, "O movimento das rádios comunitárias no Brasil", traz informações sobre o atual cenário do movimento das rádios comunitárias no Brasil. Relata o funcionamento das rádios comunitárias – sua estrutura, recursos humanos, materiais, financeiros, programação, participação e interação com as comunidades –, discute os desafios que constroem a rotina dessas iniciativas populares e trata da legislação da última década, focalizando os governos de FHC e de Lula e o ponto de vista das entidades ligadas ao setor.

O quinto capítulo, "A reconfiguração da esfera pública na Região Metropolitana de Belo Horizonte – um estudo de caso da Inter-FM e da União", inicia-se com breve apresentação das duas rádios estudadas. Em seguida caracteriza e analisa as informações e percepções dos agentes das emissoras e lideranças das localidades pesquisadas acerca do funcionamento e alcance social, educacional e culturais das mesmas. Abrange ainda a interpretação da pesquisa de campo à luz do marco teórico da dissertação e das seguintes categorias de análise: audiência, diferencial das rádios comunitárias em relação às emissoras comerciais, participação e interação da comunidade na e com a programação radiofônica e os elementos instituintes das práticas comunicacionais e de vinculação social entre as emissoras e as comunidades, como cidadania, identidade, comunidade e reconhecimento. Por fim, reúne algumas críticas e limitações das duas emissoras pesquisadas, apontadas pelos líderes entrevistados.

A convergência dessas questões foi aplicada/desenvolvida numa pesquisa de Mestrado desenvolvida no âmbito do Programa de Pós-Graduação da Universidade Metodista de São Paulo (UMESP), sob a orientação da professora doutora Cicília Maria Krohling Peruzzo, defendida em abril de 2006. Intitulado "A reconfiguração da esfera pública local pelas rádios comunitárias Inter-FM e União na Região Metropolitana de Belo Horizonte" (RMBH), o trabalho buscou refletir e discutir o papel dessas emissoras radiofônicas na construção da identidade e da cidadania, assim como a contribuição para o reconhecimento social das populações locais.

CAPÍTULO 1

Rádios comunitárias:
o que traz de novo esse conceito?

A área da comunicação é, historicamente, uma das que mais suscita polêmica e acirra os debates quando a discussão gira em torno da democratização da sociedade brasileira. Não poderia ser de outra forma, dada a importância dessa instância para o desenvolvimento socioeconômico, cultural e político. Mas essa democracia é ameaçada pela concentração dos meios de comunicação, já destacada por diversos pesquisadores e expressa por Venício Artur de Lima em *Mídia, teoria e Política* (2001), que critica a prática de centralização da produção da comunicação em conglomerados empresariais e políticas e grupos familiares regionais.

Motivado por semelhante preocupação, John Thompson (1998, p. 208) chama a atenção para o tema em *A mídia e a modernidade: uma teoria social da mídia* (1998), ao ressaltar a invasão à liberdade de expressão – "ameaças que provêm não do excessivo uso de poder do Estado, mas, antes, do desimpedido crescimento das organizações da mídia e de seus interesses comerciais". A preocupação com o poder e a abrangência do Estado sobre a vida da comunidade cedem lugar à inquietação provocada pela era da globalização, caracterizada pela concentração de recursos nas indústrias da mídia, permitindo a formação de conglomerados de empresas de comunicação, voltadas, sobretudo, para interesses comerciais. Para Thompson (1998, p. 208),

> [...] a visão não intervencionista da atividade econômica não é necessariamente o melhor fiador da liberdade de expressão, pois um mercado desregulado pode se desenvolver de modo a reduzir efetivamente a diversidade e a limitar a capacidade de muitos indivíduos de se fazerem ouvir.

Nesse cenário, as rádios comunitárias alcançam cada vez mais relevância para significativa parcela da sociedade brasileira e, na esteira do desenvolvimento das relações humanas, conformadas que são pelas tecnologias de comunicação, demonstram sua importância estratégica no processo de ampliação da consciência do homem contemporâneo. Mas esse panorama abriga faces polêmicas, a exemplo da luta travada entre o movimento pela legalização das rádios comunitárias e o governo federal, pressionado pelas forças políticas e econômicas que não aceitam dividir o espectro radiofônico. Outros problemas decorrem da falta de recursos financeiros e das precárias condições em que operam tais emissoras, que geralmente sobrevivem do trabalho de voluntários e de apoios culturais.[1]

---

[1] Apoio cultural é a denominação dada pelo governo federal à ajuda financeira de estabelecimentos comerciais às rádios comunitárias em troca da veiculação de anúncios publicitários. Pela legislação que regulamenta o setor, o apoio cultural só é permitido quando as casas comerciais localizam-se na comunidade onde a rádio está instalada e deve cobrir apenas os custos de manutenção das emissoras, não podendo caracterizar relação comercial ou de lucro.

Tribunas para ampliar a democracia

Ao analisar a movimentação da sociedade civil para furar o bloqueio que impede o livre acesso da população aos meios de produção da comunicação, Guatarri (1986) adianta que a população marginalizada sabe que somente afirmará seu direito de existência pela reinvenção de novas formas de luta. Essa reflexão é embasada no histórico dos movimentos sociais e da comunicação comunitária, que surgiu, segundo atesta Oliveira (2000, p. 9), como estratégia alternativa contra o monopólio da mídia comercial. Ele destaca que nas rádios e TVs comunitárias "atores sociais antes excluídos do processo de produção simbólica midiática tornam-se emissores. Os movimentos sociais, as associações de bairro, sindicatos e entidades de classe passam então a ter uma inserção diferenciada na esfera pública".

O caráter dialógico do rádio e sua relevância para a consolidação da democracia são destacados também por José Ignácio López Vigil (2003, p. 511, nota 30), que, após enfatizar a necessidade do jornalismo efetivamente atuar como mecanismo de fiscalização dos políticos e parlamentares, cumprindo assim o seu papel como o quarto poder, reforça que as emissoras comunitárias devem representar

> [...] parlamentos ao ar livre, como ágoras de cidadania. Uma rádio comunitária vive em estado de eleições. Por meio dela, as pessoas da rua opinarão sobre a gestão de seus governantes, somarão e subtrairão apoios, questionarão, exigirão transferência política e econômica. Trata-se de levar a sério a democracia, a soberania que está no povo.

Ele entende que ,além de tribunas para defender os direitos humanos, a sociedade necessita de tribunas para ampliar a democracia. O estudioso cubano toma emprestado um trecho da mensagem[2] do diretor geral da Unesco, Federico Mayor,

---

[2] Dirigida ao Seminário Democratizar el espectro radioléctrico, realizado em 15/11/1996, em Caracas.

para reforçar o papel das rádios comunitárias no processo de democratização da sociedade. Mayor acredita que as rádios comunitárias são os veículos capazes de ajudar a consolidar tais aspirações, na medida em que se constituem em "verdadeiras tribunas abertas para toda a sociedade sem discriminação de nenhum tipo".

A percepção de que o Estado é dono do espectro radioelétrico é errônea, já que esse é um bem público e pertence, portanto, a todas as pessoas indistintamente. Além disso, na visão de Vigil, tal equívoco justifica os monopólios estatais da radiodifusão em muitas regiões do mundo.

Nessa mesma perspectiva, Bernard Miège (1999) entende que o grande desafio hoje é buscar novos sentidos para a evolução das comunicações, caracterizadas há mais de duas décadas pelos seguintes traços: industrialização crescente da informação e da cultura, mediatização das trocas via dispositivos técnicos, refinamento das estratégias de comunicação à disposição das grandes companhias e aparelhos públicos, constituição de grandes grupos de comunicação plurimidiáticos e dificuldade e, até mesmo impossibilidade de grande parte da população, de se apropriar e se beneficiar desses avanços.

Daí a importância do potencial papel das rádios e TVs comunitárias na reconfiguração da esfera pública, já que elas abrem possibilidades de expressão e participação de setores marginalizados das novas tecnologias de comunicação e informação. Por outro lado, a multiplicação de formas de comunicação das ONGs e de outras associações da sociedade civil constitui outra realidade inédita do processo de globalização. Essas novas redes sociais passam a fazer parte do debate sobre a possibilidade de um espaço público local, regional, nacional e em escala planetária. Nesse contexto, França (2001) chama a atenção para um modelo de comunicação que considere a presença e a ação de interlocutores participantes do processo de produção e interpretação de sentidos, em que os interlocutores não desempenhem papéis de meros emissores e receptores, mas, ao contrário, que imprimam suas formas simbólicas e registrem as próprias marcas.

Supõe-se que essa nova concepção de comunicação como processo se aproxime das práticas de comunicação comunitária na contemporaneidade e, em particular, das rádios comunitárias (pelo menos como ideal, já que as práticas efetivas são pouco pesquisadas e analisadas). Trata-se de concepção que não reduz a análise da comunicação a um processo mecânico linear da relação entre emissor, receptor, mensagem, canal, etc., mas centrada no processo de produção e compartilhamento de sentidos entre sujeitos inseridos em contextos históricos concretos e que ajudam a constituir uma nova esfera pública.

Contextualização histórica e conceitação das Rádios comunitárias

Numa das regiões de maior número de experiências de transmissão por rádios não comerciais em todo o mundo, a América Latina foi palco da primeira transmissão radiofônica não comercial de que se tem notícia, em 1947, no vilarejo rural colombiano de Sutatenza, numa rádio de mesmo nome vinculada à Igreja Católica (Detoni, 2004, p. 15).

As ricas experimentações latino-americanas abrigam notável diversidade de nomes para os variados tipos de emissoras. Para Geerts e Oeyen (2001), a diversidade de denominações reflete as diferentes possibilidades de construção de identidades, considerando as particularidades das culturas, as variadas formas de produção e de recepção. Acredita-se que tanto o nome quanto o tipo de programação estejam intimamente relacionados ainda com o contexto histórico em que atuam. No entanto, embora haja diferentes nomes, trata-se, na verdade, do mesmo fenômeno.

A definição de rádio comunitária pela Associação Mundial de Rádios Comunitárias (AMARC) contempla a diversidade de nomes das emissoras não comerciais, como se vê na caracterização abaixo:

> [...] rádio comunitária, rádio rural, rádio cooperativa, rádio participativa, rádio livre, alternativa, popular, educativa... se as estações de rádio, as redes e os grupos de produção que constituem a AMARC se referem a elas mesmos por meio de uma variedade de nomes, suas práticas e perfis são ainda mais variados. Algumas são musicais e militantes. Se localizam tanto em áreas rurais isoladas como no coração das maiores cidades do mundo. Seus sinais podem ser alcançados em um rádio de 1 km, na totalidade do território de um país ou em outros lugares do mundo via onda curta. Algumas estações pertencem a organizações sem ânimo de lucro ou a cooperativa, cujos membros constituem sua própria audiência. Outras pertencem a estudantes, universidades, municipalidades, igrejas ou sindicatos. Há estações de rádio financiadas por doações vindas de sua audiência, por organizações de desenvolvimento internacional, por meio da publicidade e por governos.[3]

Cicília M. K. Peruzzo (1999a) relaciona o surgimento das rádios não-comerciais à situação de carência vivenciada pela maioria da população brasileira, além de refletir também a transformação do processo comunicativo da educação popular. Tal pensamento é compartilhado por Geerts e Oyen (2001), que entendem que o descontentamento popular com a função social dos meios de comunicação tem impulsionado o aparecimento de várias correntes de práticas alternativas do rádio em diferentes regiões da América Latina.

A partir de experiências já consolidadas, analisadas na bibliografia citada (o exemplo mais conhecido é o da Rádio Favela, localizada em Belo Horizonte), constata-se que as emissoras radiofônicas não comerciais têm por objetivo expandir o âmbito das informações, da reflexão e da interação sociocomunicativa, ultrapassando os limites e os interesses

---

[3] Definição retirada do site www.amarc.org. Acesso em 02/08/2005.

da mídia convencional. Além disso, captar, canalizar e publicizar as vozes e as aspirações dos segmentos excluídos pela comunicação hegemônica. Tais veículos têm estreita relação com os movimentos organizados da sociedade civil e podem atuar como agendadores do debate público, assim como contribuir para formar uma cultura democrática nos espaços em que estão inseridos. Embora não seja esse o foco central desse trabalho, considera-se relevante caracterizar os modelos de rádio comunitária e livre, os tipos mais comuns de emissoras no Brasil. Acredita-se que tal distinção facilite a compreensão dos tipos de "fazer rádio" na América Latina.

Enquanto as rádios comunitárias têm gestão pública e programação voltada para o desenvolvimento social e não visam fins lucrativos (PERUZZO, 1999a), as emissoras livres estão direcionadas a transmissões diferenciadas para determinados segmentos da população (MACHADO, MAGRI e MASAGÃO,1986). Ambos os tipos funcionam sem autorização do Ministério das Comunicações, usando de estratégias para burlar o sistema. Geerts e Oeyen (2001) apontam o impulso dado pela AMARC, com sede em Quito (Equador), ao surgimento da vertente comunitária das rádios populares, que, respeitando as características de cada país, acabou por configurar diferentes códigos ou modos de fazer rádio em busca de construir a cidadania.

O surgimento do rádio livre no Brasil se deu inicialmente em São Paulo, que entre 1983/1988 chegou a ter mais de 40 emissoras. Entre as trans.missões pioneiras, citamos as das rádios Paranóia, em Vitória (ES) (PERUZZO, 1999b), de Sorocaba e a Xilik (SP), esta última organizada em 1985 por Caio Magri, Arlindo Machado e Marcelo Masagão, autores do primeiro livro sobre o tema no Brasil, *Rádios Livres – a reforma agrária no ar* (MACHADO; MAGRI; MASAGÃO, 1986).

As rádios livres são aquelas que, mesmo sem obter autorização dos órgãos competentes, ocupam um espaço no *dial* e entram no ar, sendo, por isso, caracterizadas como ilegais. Ela reforça que tais emissoras são chamadas de clandestinas ou piratas justamente por serem consideradas ilegais com base na Lei 4.117, de 27 de agosto de 1962, e no Decreto-Lei 236, de 1967 (Peruzzo, 1999a, p. 253).

Para Machado, Magri e Mazagão, essas emissoras representam experiências de novas modalidades de democracia, mais tolerantes à expressão das diferenças e particularidades sociais e individuais, além de terem reflexos também como forma de encorajar as diversas expressões da comunidade. Dessa forma, eles entendem que "rádios e televisões livres constituem a melhor resposta de uma sociedade democrática aos conglomerados e monopólios, bem como ao seu poder de concentração e comando" (1986, p. 20-21).

A programação procura satisfazer a diversidade variada do público diferenciado, "ao contrário das rádios e TVs comerciais que, por força de suas ambições hegemônicas, só se podem dirigir à média indiferenciada e amorfa dos cidadãos abstratos". Nessa linha de raciocínio, os pesquisadores acreditam que a amplitude do movimento das rádios livres "pode ser a base de uma explosão informativa tão ampla e diversificada como foi o fenômeno das rádios e TV livres na Europa, na segunda metade dos anos 70" (1986, p. 20, 21).

Rádios comunitárias surgiram pelo desejo de se expressar

O Brasil conheceu as primeiras transmissões radiofônicas comunitárias entre os anos de 1970 e 1980, oriundas dos movimentos sociais populares. Tais experiências são entendidas por alguns pesquisadores, a exemplo de Peruzzo (1999) e Detoni (2004), como reflexo da ânsia da população por expressar-se, após longo período de repressão imposto pelo Regime Militar que, por mais de 20 anos, sufocou o inconformismo da sociedade brasileira. Mas existem notícias de emissoras do tipo alto-falante em funcionamento no Brasil em anos anteriores ao Regime Militar, como por exemplo, a do município de Muqui (ES), em 1948, utilizada por uma casa comercial para divulgar seus artigos.

As emissoras radiofônicas comunitárias são definidas por Peruzzo (1999a, p.252-253) como "aquelas que têm gestão pública, operam sem fins lucrativos e têm programação plural. Elas encaixam-se no perfil de rádios de baixa potência". Mas a autora chama a atenção para o fato de que nem todas as rádios de baixa potência devem ser vistas como comunitárias, sendo necessário distinguir as que realmente desempenham papel comunitário daquelas que empunham essa bandeira, mas que, de fato, são comerciais. Ela reforça que "rádios comunitárias são aquelas que, tendo como finalidade primordial servir à comunidade, podem contribuir efetivamente para o desenvolvimento social e a construção da cidadania".

A programação comunitária se define a partir do foco centrado na realidade local, e a gestão deve ser coletiva, contando com a participação direta da comunidade a partir da deliberação de conselhos e assembléias. A interatividade nessa modalidade de emissora se dá na medida em que o microfone é acessível para que a comunidade possa se manifestar. São ainda características da rádio comunitária a valorização da cultura local e o compromisso com a cidadania, no sentido de se comprometer com a educação voltada para a construção e o exercício da cidadania e, por fim, a democratização da comunicação.

É também esse o conceito defendido por Denise Cogo (1998, p. 75). Segundo ela, uma rádio comunitária persegue os seguintes objetivos: "democratizar a palavra que está concentrada em poucas bocas e em pouquíssimas mãos para que nossa sociedade seja mais democrática". Já a Rádio Netherlands focaliza os aspectos da gestão e financeiro ao pontuar[4] que a emissora comunitária "caracteriza-se pelo acesso e participação do público na produção e na tomada de decisões e pelo apoio financeiro dos ouvintes".

---

[4] Para informações mais detalhadas, consultar http//:www.rnw.nl. Acesso em: 20 maio 2003.

O termo comunitário, segundo Cicília Peruzzo,[5] foi cada vez mais sendo utilizado à medida que os processos sociais foram se ampliando. Assim, questiona-se o fato de alguns autores insistirem em denominações específicas – comunitário ou alternativo, entre outras – para as rádios não comerciais. Considera-se tal pensamento inapropriado, visto que, de forma geral, todas as rádios não comerciais representam alternativas de expressão de movimentos/setores subalternos organizados da sociedade civil. Nessa linha de raciocínio, alguns autores acreditam que, independentemente do nome que adotam – rádio livre, popular, comunitária ou educativa –, pelo simples fato de não serem legalizadas elas já são consideradas sob o ponto de vista preconceituoso (PERUZZO, 1999a).

Conforme já visto, Cicília Peruzzo (1999a) enfatiza que nem todas as rádios que se autodenominam comunitárias têm realmente atuação voltada à comunidade. Essas emissoras podem estar voltadas tanto para finalidades políticas, comerciais, religiosas, quanto a uma finalidade específica, comunitária. Para a autora, de maneira geral, esse tipo de emissora reflete uma contestação do sistema de radiodifusão vigente, justamente porque priva a grande maioria da sociedade civil do acesso às ondas sonoras.

Diante do amplo significado do termo comunitário não apenas entre os diferentes países, mas também pela variedade de elementos que ajudam a compor essa noção, Vigil (2004, p. 496-506) propõe uma definição mais flexível e realista, mesmo estando consciente de que essa é permeada de contradições. Para ele, mais "que a propriedade, parece-me importante a 'apropriação' que a audiência de determinada emissora faz ou não. Sentem-na como sua, participam dela, têm voz e voto para orientar a programação, vêem-se representados em suas mensagens?" O autor cubano entende que a melhor forma para

---

[5] Informação verbal transmitida em aula, em 2004, durante o curso de Mestrado em Comunicação Social, na Universidade Metodista de São Paulo.

se medir a intensidade / proximidade da relação existente entre a rádio e seus ouvintes é quando esses saem em sua defesa numa situação problemática.

> Essa é a melhor proba de que aquela rádio se tornou carne e sangue na vida das pessoas. Que está cumprindo sua missão, que acertou o alvo. A uma flecha eu não pergunto de que arco partiu: concentro-me em se acerta o alvo. (2004, p. 501)

Para se identificar as principais diferenças entre as emissoras comunitária e comercial, o radialista sugere ater-se aos objetivos delas, especialmente quanto às lógicas das rentabilidades econômica (própria dos meios comerciais), política (mais específica à esfera estatal ou político-partidária) e sociocultural (que define os meios comunitários). Ao enfatizar a opção das emissoras comunitárias pelo serviço à comunidade, o autor reforça:

> Quando uma emissora promove a participação dos cidadãos e defende seus interesses; quando responde aos gostos da maioria e faz do bom humor e da esperança a sua primeira resposta; quando informa com verdade; quando ajuda a resolver os mil e um problemas da vida cotidiana; quando em seus programas são debatidas todas as idéias e todas as opiniões são respeitadas; quando se estimula a diversidade cultural e não a homogeneização mercantil; quando a mulher protagoniza a comunicação e não é uma simples voz decorativa ou uma propaganda publicitária; quando não se tolera nenhuma ditadura imposta pelas gravadoras, nem mesmo a musical; quando a palavra de todos voa sem discriminações ou censuras – essa é uma rádio comunitária. (VIGIL, 2004, p. 506)

Como se vê, os temas abordados e a forma com que são apresentados aos ouvintes são importantes características das rádios comunitárias. A própria rotina de funcionamento de uma emissora comunitária, a estrutura, o livre trânsito dos moradores da comunidade nas instalações da rádio já demarcam os diferenciais dessas com as empresas radiofônicas comerciais.

*Rádios comunitárias potencializam
a reconfiguração da esfera pública*

É exatamente pelo maior acesso oferecido à população que as rádios comunitárias têm potencial democrático reconhecido por estudiosos de diferentes nacionalidades e correntes ideológicas, a exemplo de Arroyo (2003) e Oliveira (2000), entre outros. Este último considera tais emissoras ilustrativas do processo de reconfiguração da esfera pública na contemporaneidade, entendida como um novo tipo de apropriação do espaço público pelo cidadão comum e pelos movimentos sociais organizados. Essas rádios são conceituadas ainda como instituições de propriedade social ou comunitária que exploram o uso diferente do meio radialístico para colocar em prática a responsabilidade social e abrir espaços para diferentes segmentos sociais exercitarem seu direito de expressão e de opinião (ARROYO, 2003). Caracterizam-se, assim, como organizações de pequeno porte destinadas a atender demandas de comunicação e informação de segmentos excluídos do sistema hegemônico da comunicação.

As rádios comunitárias, do ponto de vista deste trabalho, são espaço potencializador dessa reconfiguração. Essa noção não deixa de contemplar, contudo, o papel da mídia convencional no espaço público contemporâneo, mesmo porque são inegáveis a presença e a centralidade dos meios massivos de comunicação em todas as esferas da vida da sociedade. Esse entendimento contribui para evitar equívocos de olhar a comunicação comunitária de forma romantizada e independente do contexto da comunicação midiática, pois essas formas de comunicação se interpenetram dinâmica e dialeticamente.

Estudiosos sinalizam que algo de novo está surgindo no processo de comunicação na contemporaneidade: a emergência de um novo modelo ou paradigma de comunicação. Entre aqueles que propõem rupturas com o modelo tradicional, destacamos as contribuições dos estudos culturais ingleses e latino-americanos e das sociologias interpretativas (interacionismo simbólico, etnografia, etnometodologia, entre outras correntes), que enfatizam a natureza interativa das trocas simbólicas e a diversidade, pluralismo e complexidades das práticas sociocomunicativas cotidianas. Nessa perspectiva, França (2001, p. 13) ressalta que a comunicação é entendida como "processo de troca, ação compartilhada, prática concreta, interação – e não apenas um processo de transmissão de mensagens" que atribui onipotência e auto-suficiência ao pólo da produção e passividade aos sujeitos receptores.

Essa reflexão nos remete ao termo mídia radical e alternativa, usado por John Downing (2002) como parte da cultura popular e da malha social como um todo e não isolada, de modo ordeiro, em um território político reservado e radical. Para esse autor (2002, p. 33), "a mídia radical alternativa constitui a forma mais atuante da audiência ativa e expressa as tendências de oposição, abertas e veladas, nas culturas populares". Tal mídia congrega, portanto, as várias formas de expressão das culturas populares e de oposição.

Na visão de Downing (2002), apesar de imperfeita, imensamente variada e não necessariamente de oposição, grande parte das experiências desenvolvidas pelas mídias radicais alternativas contribui para a democratização da comunicação. A importância dessa mídia, para ele, deve-se justamente por ser o primeiro instrumento a partir do qual as comunidades se articulam e difundem as questões, as análises e os desafios dos movimentos.

Mas o autor pontua que, embora seja de grande relevância para os movimentos sociais, a definição de mídia radical não pode ficar circunscrita a eles.

> Devemos ter cuidado para não reduzir tal mídia a esse modelo bastante efervescente. Muitos desses meios alternativos sobrevivem por décadas [...] mantendo vivas as questões e, em especial, desenvolvendo novos temas e novos tipos de conversa pública. (2002, p. 66)

Conceitos de comunidade, do local e de comunicação comunitária

Mesmo diante da constatação de vários estudos acerca do esgotamento de experiências comunitárias das sociedades atuais, estudiosos sociais, pesquisadores e dirigentes de organizações chamam a atenção para o fato de que as pessoas caminham conscientemente para se juntar em grupos. Nem mesmo um processo mundializado e já irreversível como a globalização parece desviar as pessoas ou as sociedades do seu desejo de viver em comunidade. A comunidade não é coisa do passado.

Mesmo deixando à margem das discussões a internet – talvez o principal instrumento ou canal atualmente disponível para agilizar o agrupamento de pessoas –, são incontáveis as formas e as razões que facilitam a associação humana, cujo contexto abriga desde iniciativas em ruas, bairros ou comunidades regionais a ações nacionais, internacionais e outras mundializadas, como, por exemplo, a mobilização e o debate em torno da preservação do meio ambiente.

O estudo do termo comunidade é fundamental para este trabalho, visto que o conceito perpassa todas as reflexões aqui compreendidas. A vida comunitária, ao mesmo tempo em que sussurra valores e significados, ajuda a construir os caminhos e as movimentações da sociedade civil.

Comunidade é termo amplo e ambíguo e dá margem a uma diversidade de sentidos: localista (espaço territorial), retórico político-ideológica (internacional contra o terrorismo), profissional (dos trabalhadores rurais), nostálgico (pressupõe um passado de harmonia), homogeneidade de crenças, valores, opiniões, entre outros. Ao analisar as múltiplas acepções do termo, Downing (2001, p. 74) destaca que é tão difícil precisar o termo comunidade quanto pensar num substituto para expressar o espectro das realidades relativamente despojadas ou locais.

O conceito de comunidade é também trabalhado por Zigmunt Bauman (2003), que ressalta a agradável sensação que a palavra carrega, trazendo implícitos a segurança, o conforto e o aconchego. O autor (2003, p. 10) ressalta a importância da comunidade, chamando a atenção para as conseqüências da sua ausência, pois "não ter comunidade significa não ter proteção". Mas também destaca o custo de se viver em uma, na medida em que "o preço é pago em forma de liberdade, também chamada de autonomia, direito à auto-afirmação e à identidade" (2003, p. 10). Nesse sentido, ele entende que a guetização é fator impeditivo à formação da comunidade, já que incorpora a política de exclusão na segregação espacial.

Ao relacionar a comunidade com a rede global, Bauman recorre a Richard Sennett para ampliar a discussão sobre o significado de comunidade. O sentido de lugar, na visão desse autor (1999), baseia-se mais na necessidade de pertencer a um lugar em particular, o que desperta nas pessoas a noção de compromisso e lealdade, que no sentimento de pertencer a uma sociedade em abstrato. Ao diferenciar lugar e comunidade, Sennett (1999, p. 165) ressalta que o primeiro lembra as cartas geográficas, ao passo que comunidade remete às dimensões pessoais e sociais.

> Um lugar se torna uma comunidade quando as pessoas usam o pronome "nós". Falar desse jeito exige uma ligação particular, embora não local; um país pode constituir uma comunidade quando nele as pessoas traduzem crenças e valores partilhados em práticas diárias concretas.

No adiantado das discussões sobre o conceito de comunidade, percebe-se como é difícil evitar a separação ou mesmo a fragmentação desse tema com outras noções estreitamente relacionadas a ele. Nesse caso, mescla-se as discussões sobre comunidade e identidade, a partir do pensamento de Bauman (2003, p. 21), que chama a atenção para o fato de que

> [...] a vulnerabilidade das identidades individuais e a precariedade da solitária construção da identidade levam os construtores da identidade a procurar cabides em que possam pendurar seus medos e ansiedades individualmente experimentados.

Ele acredita que, dessa forma, tais construtores possam "realizar os ritos de exorcismo em companhia de outros indivíduos também assustados e ansiosos" (2003, p. 21).

Bauman admite não se surpreender com o fato de que, mesmo diante dos preceitos globalizantes e com grandes possibilidades de eliminar as singularidades já existentes, as fronteiras não desapareceram. Isso se deve ao fato, de acordo com ele (2003, p. 21), de que

> [...] as identidades comunitárias ostensivamente compartilhadas são subprodutos ou conseqüências do infindável (e por esta razão tanto mais febril e feroz) processo de estabelecimento de fronteiras.

Mídia que reforça laços e
amplia as fronteiras do território

O desenvolvimento das tecnologias da comunicação é fator determinante na análise das mudanças da identidade territorial, pois possibilita a comunicação entre pessoas fisicamente separadas, podendo também manter vínculos com o lugar, com outras pessoas, com a sua história, enfim. Esse novo contexto midiático pode fortalecer e consolidar, portanto, os laços comunitários e de identidade, como também ampliar as fronteiras do território, já que tal processo comunicacional é pautado por questões de interesse comum. Essa discussão constitui o cenário que permite, então, considerar a comunidade com base em uma nova concepção de espacialidade dentro do horizonte das inovações tecnológicas, não sendo essa mais delimitada somente pela superfície territorial, mas conformada pelos meios de comunicação.

Nesse contexto, Raquel Paiva critica a visão de autores que ainda se prendem à definição de comunidade limitada ao território. A autora (1998, p. 80) não concorda, por exemplo, com a perspectiva sociológica, que vê a comunidade "como um grupo humano situado em determinado território, um grupo no qual o indivíduo pode atender às suas necessidades e desenvolver todas as suas funções". No entanto, ela não deixa de considerar a importância do território na composição da identidade do cidadão contemporâneo, pois entende que

> [...] admitir a possibilidade comunitária significaria potencializar uma alternativa de sociabilidade, uma estrutura de contato, uma vivência real propiciatória do comprometimento com o território (1998, p. 156).

À medida que avançam as tecnologias e o espaço é invadido incessantemente por notícias e outras mensagens que chegam de regiões situadas do outro lado do mundo, avançam também as discussões e as análises sobre a comunidade, bem como o local e sua relação com o global. Da mesma forma que a comunidade não se fecha na sua dimensão territorial, o local já não é mais um espaço restrito em cujo interior se desenrola a vida de um grupo ou de uma comunidade de pessoas, como acreditam alguns.

Para Renato Ortiz, o termo local remete a um

> espaço restrito, bem delimitado, no interior do qual se desenrola a vida de um grupo ou de um conjunto de pessoas. Ele possui um contorno preciso, a ponto de se tornar baliza territorial para os hábitos cotidianos. O local se confunde, assim, com o que nos circunda, está realmente presente em nossas vidas. Ele nos recorta com sua proximidade, nos acolhe com sua familiaridade. (ORTIZ *apud* PERUZZO, 2003, p. 53)

Na concepção de vários autores consultados, hoje já não se pode mais entender a dimensão do espaço com base na territorialidade, mas sim no desenvolvimento e nas possibilidades oferecidas pelas tecnologias. Entende-se que a idéia de território permanece, mesmo quando se afasta do determinismo geográfico, mas a noção do local deve ser analisada sob outro ângulo, ao qual a noção do global precisa estar relacionada. Sem o local, a própria existência do global estaria ameaça, já que este se realiza no local.

Acredita-se que um dos maiores benefícios da globalização tenha sido justamente possibilitar a inserção do local no contexto mundial, permitindo a divulgação e a manutenção da cultura regional.[6]

A dificuldade de estudiosos e pesquisadores em construir um paradigma do local (BOURDIN, 2001, p. 25-28) pode estar relacionada ao fato de que "a localidade às vezes não passa de uma circunscrição projetada por uma autoridade, em razão de princípios que vão desde a história a critérios puramente técnicos". Alain Bourdin destaca o sentimento de pertencimento à humanidade, que reforça os vínculos sociais e incentiva compartilhar a cotidianidade, como dimensões que fundamentam o sentimento de comunidade, já que a proximidade é também co-produtora do vínculo social.

Os autores aqui estudados estabelecem paralelo entre comunidade e identidade com o local e o regional. Na perspectiva de Peruzzo (2003, p. 53), o local

> [...] se caracteriza como um espaço determinado, um lugar específico de uma região, no qual a pessoa se sente inserida e partilha sentidos. É o espaço que lhe é familiar, que lhe diz respeito mais diretamente, muito embora as demarcações territoriais não lhe sejam determinantes.

---

6 Informação verbal transmitida em sala de aula por Cicília M. K. Peruzzo, em 2004, no Mestrado em Comunicação Social, na Universidade Metodista de São Paulo.

Peruzzo (2003, p. 54) evidencia que os

> [...] elos de proximidade e familiaridade ocorrem mais pelos laços de identidades de interesses e simbólicas do que por razões territoriais, ainda que, em algumas situações, a questão geográfica seja peça importante na configuração da localidade.

Ela chama a atenção ainda para a inter-relação existente entre o local e o regional, na medida em que ambos "só podem ser compreendidos na relação de um com o outro, ou deles com outras dimensões espaciais, como o nacional e o global". Nesse contexto, a autora chama a atenção para o fato de que até os grandes meios de comunicação de massa, que sempre valorizaram mais as comunicações a longas distâncias, agora focam parte de sua programação no regional, porque perceberam que as pessoas se interessam principalmente pelo que afeta suas vidas mais diretamente.

A mídia comunitária, por sua vez, volta-se para assuntos de interesse das comunidades, já que a realidade, bem como as demandas, os desafios e as potencialidades dessas nem sempre encontram ressonância na mídia convencional. Dessa forma, mantém-se aberta à participação da comunidade em todo o processo de criação, produção e divulgação da mensagem, assim como na gestão da própria mídia, entre outras características.

Comunidade invoca a sociabilidade

Em sua análise sobre a comunicação voltada e praticada pela comunidade, Paiva (1998, p. 154) lembra que

> [...] a comunidade começa a ser invocada na medida em que representa uma possibilidade de sociabilidade com o predomínio de relações mais concretas do que as fomentadas pela abstração e dispersão existentes.

Em sua visão, os meios de comunicação podem contribuir para evitar a formação de guetos em uma comunidade, mesmo que tais veículos sejam utilizados para difundir propósitos e funcionar como agentes de pressão.

Paiva recorre a Marcondes Filho (1986) em busca da definição de jornalismo comunitário, entendido por ele

> [...] o meio de comunicação que interliga, atualiza e organiza a comunidade, e realiza os fins a que ela se propõe [...] Um jornal comunitário é elaborado por membros de uma comunidade que procuram, através dele, obter mais força política, melhor poder de barganha, mais impacto social, não para alguns interesses particularizados [...], mas para toda a comunidade [...]. (p. 161)

A análise da estreita relação entre a comunidade e os meios de comunicação comunitária permite inferir como é positivo e promissor o momento em que a comunidade, a partir de uma leitura crítica das notícias veiculadas na grande mídia, percebe que essas não têm relação com a sua vida cotidiana. A percepção desse distanciamento impulsiona a criação dos veículos alternativos de comunicação que melhor atendam suas necessidades. Mas as experiências destacam uma calma nem sempre presente. Da mesma forma que a sociedade civil, e inseridos nelas os movimentos sociais, abriga uma pluralidade de instâncias de participação, também os indivíduos guardam rica multiplicidade de características. Esses, amparados por suas memórias sociais, alteridades, sonhos e expectativas, motivados pelas necessidades, geram a dinâmica social.

Embora as comunidades que abriguem emissoras comunitárias tenham suas particularidades, em função do dinamismo das relações sociais e das condições socioeconômicas e culturais locais, de modo geral se verificam características semelhantes entre elas. Constata-se, por exemplo, experiências múltiplas entre as emissoras comunitárias da Região Metropolitana de Belo Horizonte (RMBH), cuja temática geralmente inclui assuntos associativos, cristãos, educacionais, utilidade pública, numa tentativa de despertar o interesse de diferentes perfis das comunidades. São comuns também a precariedade de equipamentos e instalações e a reprodução de modelos das emissoras comerciais, além da falta de recursos financeiros, técnicos e humanos. Esse quadro dificulta a identificação do nível de interação entre as emissoras comunitárias e moradores das localidades.

Comunicação Popular, Alternativa, Comunitária e Massiva: tensões e contradições

A comunicação popular e a de massa devem também ser analisadas pela relevância alcançada na relação entre ambas no cenário atual. Para Arroyo (2003, p. 2),

> [...] o massivo, ao contrário da visão vigente nos anos 70, não é o oposto do popular, já que utiliza do próprio popular – seus desejos, fantasias, expectativas, necessidades – para reproduzir e às vezes até mesmo reafirmar sua existência.

Ao mesmo tempo, o popular retoma do massivo o que considera útil, seja por puro prazer, informação ou simples distinção. Para esse autor, na relação entre comunicação popular e massiva ocorre constante interação e intercâmbio de sentidos, ainda que desigual e pouco democrático.

A análise da comunicação popular, na visão de Arroyo (2003), voltou-se para a indagação sobre as práticas cotidianas e o intercâmbio simbólico entre pessoas e grupos, não mais se concentrando nos aspectos político-ideológicos como se dava nos anos 70 do século XX. Concentra-se na percepção da comunicação sob perspectiva cultural, abrigando, portanto, espaço de contradições, de ambigüidades, "onde a resistência e a impugnação convivem com a maneira em que o popular vive, paradoxalmente, contraditoriamente de seu próprio contrário" (BARBERO, 1983, p. 5 *apud* ARROYO, 2003, p. 9).

Nesse sentido, de forma diferente da verificada em outras regiões do mundo, os estudiosos da América Latina têm garantido relevante contribuição para debates mais sintonizados com as contradições e as tensões existentes no Terceiro Mundo e nos países em desenvolvimento. Os pesquisadores focalizam sua atenção especialmente nas discussões sobre os movimentos sociais e na articulação entre esses e os processos comunicacionais alternativos. Os estudiosos atestam que tal iniciativa fortalece os próprios movimentos na sua função de democratizar não só o acesso, mas também os próprios meios de comunicação. A discussão mais sofisticada relacionada ao simulacro, à telerrealidade, proporcionada pela indústria midiática, parece ocupar plano secundário, se comparada à busca de alternativas como as rádios e as televisões comunitárias.

Ao pontuarem suas presenças em diferentes segmentos da sociedade civil a partir de ações concretas na luta pelo atendimento às necessidades societárias, os movimentos sociais tornaram-se dos mais destacados atores sociais das últimas décadas. Eles não constituem experiências novas, mas fazem parte da história da humanidade. Mais recentemente, na América Latina, nas décadas de 70 e 80 do século XX os movimentos chamaram a atenção da sociedade civil e dos governantes para o seu potencial organizativo e de pressão contra a ordem preestabelecida.

Geralmente reforçam, entre seus objetivos, uma sociedade mais justa e igualitária e não lutam pelo poder político, mas sim "pela rearticulação do poder, na possibilidade de se tornarem e permanecerem sujeitos da sua história" (RUSCHEINSKY, 1999, p. 53). Tal pluralidade de temas e de interesses evidencia que os movimentos sociais são constituídos também pelas contradições sociais, dando espaço até mesmo para as disputas entre forças opostas, o que é ressaltado, muitas vezes, por intermédio da comunicação, especialmente pela mídia alternativa, na qual estão incluídas as rádios comunitárias.

O rádio e a democratização da comunicação

Embora estejam inseridas, na grande maioria das vezes, em realidades permeadas por dificuldades e poucos recursos financeiros e tecnológicos, as rádios comunitárias são, na maioria das vezes, o único canal de expressão de inúmeros e diferentes setores da população. Um mosaico de elementos, interesses, necessidades e dinâmicas culturais torna ainda mais polêmico o panorama da luta pela democratização da comunicação.

A inflexibilidade de grupos empresariais de comunicação, amparados por uma legislação que limita a atuação de emissoras comunitárias, se depara com a determinação dessas últimas que insistem em colocar no ar programação que atenda aos interesses populares. O significado das discussões adquire contorno mais definido quando tais meios têm como função primordial atuar nas áreas educativa e comunitária, trabalhando, dessa maneira, de forma bastante próxima às pessoas. A disputa pela audiência tem muito a ver com interesses comerciais, já que as rádios comerciais não querem perder anunciantes – embora, como lembra a pesquisadora Cicília Peruzzo, os anúncios vinculados nas emissoras comunitárias pouco representariam no ganho financeiro das radiofônicas comerciais –, mas também político e ideológico, tendo em vista o poder da palavra, da informação.

Além do caráter dialógico da mídia radiofônica comunitária, reafirma-se a importância do seu papel para a democratização da comunicação. Pesquisadores e estudiosos do assunto, entre os quais o jornalista Alberto Dines, na apresentação do livro *O rádio na era da informação* (2001), de Eduardo Meditsch, asseguram que o rádio consolida aproximações e que, por ser tão próximo do ouvinte, é eficaz na arte de transformar informação em conhecimento.

Tal aproximação mostra-se de forma mais evidente quando há identificação entre a programação e a realidade vivenciada cotidianamente com os moradores das comunidades. Oliveira (2001), ao defender o papel do rádio no processo de democratização da comunicação, enfatiza que o serviço de telecomunicação brasileiro, que tem o Estado como regulador da concessão de canais de radiodifusão, privilegia relações clientelistas, configurando o chamado coronelismo eletrônico.

O radialista cubano Lopez Vigil (2003, p. 489) acredita que a sociedade civil somente terá plena liberdade de expressão quando tiver suas próprias freqüências de rádio e televisão. Esse autor entende que a democratização da comunicação tem relação direta com a propriedade dos meios de comunicação.

A necessidade de colocar a mídia à disposição da sociedade civil preocupa diferentes segmentos da sociedade e não apenas o governo, o movimento pela legalização das rádios comunitárias ou os acadêmicos e pesquisadores. O jornal da Cidadania, da Radiobrás, traz em sua edição de 15/10/2004 um sinal dessa preocupação ao enfatizar que "a democratização da mídia não pressupõe somente a discussão sobre os conteúdos, mas também sobre a propriedade dos meios. Esse é o principal empecilho da democracia".

Mesmo diante desse cenário atravessado por interesses de natureza política, econômica, cultural, a insistência da população socialmente organizada em implantar e lutar pela legalização das rádios comunitárias sinaliza um desejo, necessidade mesmo, de ter acesso à produção, à emissão e à recepção de informações mais diretamente voltadas à sua realidade. Sinaliza que um novo tipo de comunicação deve existir. Na verdade, as poucas décadas de existência desse movimento reafirmam, pela determinação de seus defensores em lutar pelas ondas radiofônicas comunitárias, que tais freqüências permitem a troca de mensagens entre pessoas residentes na mesma localidade, permitem-lhes participar mais ativamente da vida de sua comunidade, da esfera pública local, questão que será apresentada no capítulo seguinte.

CAPÍTULO 2

Esfera Pública e rádios comunitárias: antecedentes históricos e seus desdobramentos na contemporaneidade

Mesmo após ser amplamente revista e criticada por autores de diferentes escolas e vertentes teóricas, a obra de Jürgen Habermas *A mudança estrutural da esfera pública*, publicada em 1962, se mantém ainda como um dos trabalhos de maior centralidade e atualidade quando se trata de analisar a esfera pública contemporânea. Ela tem norteado debates e estudos sobre as questões sociais e comunicacionais, especialmente num contexto em que a pluralidade midiática é permanentemente ampliada e renovada.

Oportuno enfatizar a relevância da obra de Habermas pelo pioneirismo, mas considera-se justo também destacar a envergadura das reflexões de seus críticos, que garantiram significativa contribuição para a necessária atualização dos estudos sobre as estruturas comunicacionais provocadas pelo desenvolvimento da indústria midiática e das novas tecnologias de comunicação e informação, assim como da expansão das esferas públicas na contemporaneidade.

O conceito de esfera pública é, inicialmente, concebido por Habermas (1984) como espaço social em que interesses, vontades e pretensões que comportam conseqüências concernentes a uma coletividade apresentam-se para serem discutidos em público e argumentados de forma aberta e racional. E esses interesses, vontades e pretensões dos cidadãos só podem ser levados em consideração quando ganham expressão em proposições ou discursos, ou seja, por meio da palavra e da comunicação.

Segundo tal perspectiva, a esfera pública surgiu como mecanismo de defesa da burguesia, classe social detentora de poder econômico nas sociedades européias, contra as instâncias e os poderes estabelecidos, como os do Estado e da Igreja. Habermas entende esfera pública como a zona alternativa da maior liberdade de expressão e crítica ao governo monárquico, especialmente por parte da elite intelectual e da classe burguesa que freqüentava as casas de chá e os cafés londrinos e cuja origem se localiza no século XVII. Por esse entendimento, uma questão só era legitimada se superasse o melhor argumento.

Nesse sentido, um pré-requisito fundamental para os cidadãos participarem da esfera pública consistiria em obedecer à lei da racionalidade e da discursividade, uma vez que ela é protegida de influências não-comunicativas e não-racionais, tais como o poder, o dinheiro ou as hierarquias sociais (GOMES, 1998).

Em seu primeiro enfoque, Habermas (1984, p. 42) definiu esfera pública

> como a esfera das pessoas privadas reunidas em um público; elas reivindicam esta esfera pública regulamentada pela autoridade, mas diretamente contra a própria autoridade, a fim de discutir com ela as leis gerais da troca na esfera fundamentalmente privada, mas publicamente relevante, as leis do intercâmbio de mercadorias e do trabalho social.

Tal conceito de esfera pública abrigava, entre outros pressupostos, a co-presença de cidadãos num mesmo espaço físico. Por cidadãos entendia-se os homens (excetuando os escravos e os estrangeiros) com propriedade privada e nível sócio-econômico que lhes permitissem acesso a um nível mínimo de educação. Tratava-se de uma esfera de mediação entre Estado e sociedade civil, entre poder público e esfera privada.[1]

Nesse contexto, a imprensa funcionava como um fórum-chave do debate crítico político, oferecendo espaço de livre expressão e discussão crítica permanentes às atividades do Estado e de outros poderes instituídos. Conforme Gomes (1998), a imprensa se configurava ao mesmo tempo como um lugar, uma ocasião e um meio da pública comunicação, onde ocorria o debate aberto e racional acerca de quaisquer objetos de interesse comum.

No entanto, a partir das mudanças processadas no quadro social em que se inscrevia a esfera pública burguesa; na estrutura do Estado com a crescente intervenção do poder público de trocas das pessoas privadas, no mercado e nas leis; na economia capitalista no processo transição do século XIX para o século XX e no domínio da esfera pública pela cultura e comunicação de massa, entre outros fatores, Habermas considera que a imprensa se transforma em um meio de circulação de opiniões, posições e interesses de grupos particulares. Assim, ocorre a refeudalização da esfera pública, tornando-se a instância de representação pública dos interesses privados, além de passar a funcionar segundo o modelo do mercado e da esfera privada.

Como já ressaltado, o enfoque inicial de Habermas não foi recebido de forma consensual por outros estudiosos da

---

[1] As esferas pública e privada são também analisadas por BOBBIO, Norberto. *Estado, governo, sociedade: para uma teoria geral da política*. 10. ed. Rio de Janeiro: Paz e Terra, 2003.

questão social e do papel da mídia, cujas observações e releituras acabaram por revisá-lo inúmeras vezes. Considera-se, porém, que a releitura das idéias pioneiras de Habermas sobre a esfera pública burguesa deve-se iniciar pela revisão do seu próprio criador que, três décadas depois, reexamina aqueles conceitos, incorporando em sua análise os novos processos de organização e participação pública dos cidadãos e, sobretudo, a existência de outras esferas públicas, além da burguesa.

Em "O espaço público 30 anos depois" (1999) autor revê suas reflexões ao reconhecer as classes sociais populares daqueles tempos e que não podiam ser simples variantes do modelo liberal da esfera pública. Essa constatação é confirmada quando ele reforça que

> [...] a exclusão das classes inferiores, mobilizadas cultural e politicamente, provoca a pluralização de esferas públicas em sua fase de formação. Ao lado da esfera pública hegemônica, e entrelaçada a ela, uma esfera pública plebéia se forma. (HABERMAS, 1999, p. 10)

A influência do poder midiático é considerada

As revisões do autor levam-no a enfatizar que a questão central da análise da esfera pública atual aponta, na verdade, para a redefinição da sociedade civil. Ele ressalta, por exemplo, a importância de agrupamentos voluntários fora do jugo do Estado e da economia para as discussões de temas públicos, a exemplo da Igreja e de instituições ligadas à cultura e ao lazer, às mídias independentes, os fóruns e as iniciativas cívicas, assim como organizações profissionais, agremiações políticas e sindicatos, entre outros.

Nesse sentido, Habermas (1999) reconhece que o poder midiático influenciou fortemente a atualização de seus conceitos, devido à multiplicação de espaços de interação e argumentação pública.

> Ela [a esfera pública] de novo se transformou com o desenvolvimento dos meios eletrônicos de massa, com a importância recente da publicidade, a assimilação crescente da informação, a centralização reforçada em todos os domínios, o declínio da vida associativa liberal, dos espaços públicos locais. [...] Disso resultou uma nova categoria de influência, o poder midiático, que, utilizado de maneira manipuladora, roubou a inocência do princípio de publicidade. O espaço público, que é, ao mesmo tempo, pré-estruturado e dominado pelos mídia de massa, tornou-se uma verdadeira arena vassalizada pelo poder, no seio da qual se luta por temas, por contribuições, não somente para a influência, como também para um controle dos fluxos de comunicação eficazes. (p. 16)

Na atualização, Habermas incorporou outras perspectivas de análises dos processos de organização e participação pública dos cidadãos, aceitando a existência de uma pluralidade de esferas públicas, não estando essas restritas aos espaços institucionalizados de participação pública (parlamento, imprensa, sindicatos, entre outros). Habermas (1999, p. 10) vai mais longe e entende que quando lança o "mesmo olhar sobre a esfera pública burguesa, a exclusão das mulheres desse mundo dominado pelos homens se apresenta de maneira diferente daquela que eu havia percebido antes".

Em sua releitura, Jürgen Habermas (1999, p. 26) reconhece que o núcleo da sociedade civil é formado por múltiplas formas de grupamento, às quais são atribuídas a "função de manter e redefinir as fronteiras entre a sociedade civil e o Estado através de [...] associações que contribuem para a formação de opiniões". Esse cenário nos remete à movimentação e ao pluralismo verificados nas rotinas das rádios comunitárias, nos levando a pensar sobre as condições de tais emissoras contribuírem para a mobilização social dos atores das comunidades, com reflexos na construção das identidades individual e coletiva, como também no reconhecimento social do sujeito.

Jürgen Habermas (1999) admite ainda que avaliou de maneira pessimista o potencial de resistência de uma massa plural e heterogênea com hábitos culturais bastante enraizados. Nesse processo de releitura ele passou a considerar a relevância de estudos sobre a mídia, assim como a sociologia da comunicação, no que se refere aos efeitos socioculturais da televisão, como forma de se compreender as mutações do espaço público.

O filósofo considera ainda, na revisão, que as empresas de comunicação mantêm-se como instâncias da esfera pública, só que agora ele não enxerga com tanto pessimismo os dispositivos midiáticos, mas os considera como formas generalizadas de comunicação. Em outros termos, os meios de comunicação de massa se situam agora na esfera pública como quase-controle e, ao mesmo tempo, como quase-meios de comunicação, uma vez que eles não substituem a linguagem como mecanismo de vinculação social nem neutralizam as práticas comunicacionais ligadas ao mundo da vida, isto é, o mundo dos atores sociais no seu cotidiano. Por essa razão, Habermas entende que o potencial autoritário da mídia não elimina as possibilidades de suas mensagem serem questionadas pelos sujeitos individuais e coletivos (SIGNATES, 2001).[2]

Nesse âmbito, Habermas classifica três tipos de esfera pública na contemporaneidade: a esfera pública episódica, que se dá em encontros de rua, de bares, cafés, entre outros espaços sociais; a esfera pública de presença organizada formada por encontros de pais, públicos de teatro, congressos, associações comunitárias etc.; e a esfera pública abstrata, que é produzida pelos aparelhos midiáticos (leitores, ouvintes, espectadores singulares e espalhados). De acordo com Signates (2001), a despeito desses diferentes tipos, a esfera pública é concebida pelo filósofo como

---

[2] SIGNATES, Luiz. In: *X Encontro Anual da Compós, GT Epistemologia da Comunicação*, 2001.

porosa e tendente à fragmentação, sem fronteiras rígidas, o que lhe confere elevado potencial de autotransformação.

Na revisão do conceito de esfera pública, Habermas expressa, por fim, elevada crença no potencial emancipatório dos ambientes efetivos de comunicação, reconhecendo que os aparelhos de comunicação midiática podem viabilizar a relação entre o mundo sistêmico e o mundo da vida, ou seja, o mundo dos poderes instituídos (econômico, político, jurídico, entre outros), mesmo considerando suas ambivalências e contradições.

Sem pretender esgotar as análises e as discussões a respeito da compreensão primeira de Habermas sobre a esfera pública, sugere-se a sua discussão a partir do ponto de vista de outros autores que contribuem para a releitura da esfera pública na sociedade atual, grandemente mediada pelas tecnologias de comunicação e informação. Considera-se, por fim, que as próprias revisões realizadas por Habermas estão plenamente sintonizadas com o cenário contemporâneo da pluralidade de esferas públicas e suas implicações na criação de espaços alternativos de comunicação, implementados pelos movimentos organizados ou não da sociedade civil.

Críticas à noção inicial habermesiana de esfera pública e sua reconfiguração na contemporaneidade

Importante manifestar, inicialmente, a surpresa deste trabalho pelo fato de alguns críticos de Habermas não levarem em conta a própria revisão que o filósofo alemão fez sobre as primeiras convicções da esfera pública burguesa. Entende-se que, embora grande parte do pensamento habermesiano inicial sobre o tema mostre-se ultrapassada, em face das mutações da própria esfera pública, a releitura desses deve ser considerada, pois contempla o contexto socioeconômico e cultural da sociedade contemporânea.

Ao analisar a esfera pública, o americano Elihu Katz (2004) desvia seu olhar dos estudos de Habermas e focaliza a atenção nas transformações vivenciadas pelo espaço público, apoiando-se, para isso, nas reflexões de Gabriel Tarde. Para Katz, Tarde percebe que a conversação ocorria de forma diferente da entendida por Habermas, nos cafés e salões freqüentados pela burguesia. Enquanto o filósofo alemão afirmara em suas reflexões iniciais que as discussões envolviam sustentação de status e uso da racionalidade argumentativa, Tarde (*apud* KATZ, 2004) aponta que as conversações eram

> [...] familiares, íntimas, trocas livres que ora se referiam e ora se afastavam de temas políticos, mas que não eram em hipótese alguma limitadas a eles. As conversações aconteciam entre pares que se assemelhavam tanto em status e visões de mundo. (p. 111)

Além dessa discordância, Katz chama a atenção para o fato de que a noção de esfera pública de Tarde aplica-se não somente à mídia impressa, mas também à radiofônica, já que após a segunda Guerra Mundial o rádio assumiu seu papel como companhia diária das pessoas. O autor acredita ainda que, ao contrário da televisão, que com sua multiplicação de canais caminha para a morte, a radiodifusão tem potencial para chegar a uma audiência nacional. Nesse sentido, Katz (2004, p. 113) enfatiza que

> [...] a radiodifusão acabaria levando consigo as normas de balanceamento e imparcialidade para todos os lugares para onde se dirigiu. [...] É possível afirmar que a democracia foi bem servida pela radiodifusão [...] talvez especialmente em sua fase monopolítica.

A partir de pesquisa realizada em parceria com doutorandos por ele orientados, Katz obteve resultados que o levaram a acreditar na eficiência do sistema de Tarde, ao comprovar a existência de nítida relação entre a imprensa, a conversação, a opinião e a ação. O experimento indica que a conversação com freqüência leva à ação política, mas o pesquisador americano admite que novos estudos devem ser realizados para validar a imagem de que o lar se configura também como espaço público.

Já as reflexões de John Thompson em *A mídia e a modernidade: uma história social da mídia* (1998) ocorrem em meio às críticas que ele tece à noção inicial de esfera pública de Habermas, em *A mudança estrutural da esfera pública*. O sociólogo inglês entende que esse conceito tende a negligenciar a importância de outras formas de discurso e atividades públicas que existiam nos séculos XVII, XVIII e XIX na Europa e que não faziam parte da sociabilidade burguesa e que, em alguns casos, foram excluídas dela ou a ela se opuseram, a exemplo dos movimentos sociais e políticos plebeus surgidos na origem da era moderna.

Na avaliação do autor, há necessidade de se ter enfoque mais flexível para compreender a participação dos movimentos sociais e populares na constituição da esfera pública contemporânea. Nesse aspecto, ele diverge do estudioso alemão também pela exclusão das formas anteriores de material impresso, já que Habermas focou sua análise sobretudo nos periódicos políticos e de opinião.

Sua crítica considera restrita a noção de esfera pública burguesa de Habermas por essa se limitar, na visão de Thompson, ao universo masculino e aos indivíduos que tiveram acesso à educação e meios financeiros para dela participar. Ele aponta ainda o que entende por fragilidades do conceito inicial de esfera pública, já que a argumentação do filósofo alemão tende a presumir que os receptores dos produtos da mídia são consumidores relativamente passivos que se deixam encantar pelo espetáculo e facilmente manipular pelas técnicas da mídia.

Espaço para trocas intersubjetivas

Na contemporaneidade, a expressão esfera pública ganha maior clareza quando se percebe que, ao compartilhar um espaço para trocas intersubjetivas, dá-se lugar a relações interpessoais em que os participantes se posicionam diante do outro e assumem obrigações ilocucionárias. Já no contexto da esfera pública burguesa, a comunicação e a informação veiculadas em folhetos, volantes, jornais e outras publicações que circulavam nos meios intelectuais e burgueses, cumpriam relevante papel na promoção do debate de questões de interesse público que aos poucos foram se ampliando e se diversificando na esfera pública contemporânea.

O questionamento de Wilson Gomes[3] (1999) à obra de Habermas tem como ponto central o fato de o enfoque inicial do estudioso alemão subestimar a capacidade argumentativa da mídia. Para ele, mais do que representar, a mídia constrói a opinião pública. A percepção coletiva da existência de

> [...] uma esfera aparentemente pública, mas desprovida de função produtiva da opinião pública, por conseguinte um simulacro de esfera pública, talvez se tenha orientado por uma visão demasiadamente conspiratória do papel dos mass media no sistema social. (p. 207)

Gomes percebe que alguns autores mostram-se divididos quanto à existência e ao papel desempenhado pela esfera pública contemporânea. O ceticismo de alguns quanto ao poder de argumentação da esfera de debate público nos quadros da política midiática deve ocorrer em razão de inúmeros fatores, sobretudo pelo fato de a esfera pública ter sido incorporada como meio para legitimar o próprio Estado. Ele vê um paradoxo em tal situação, já que a mídia, percebida originalmente como instituição de esfera pública legal, não mais exerce a função de proteger os cidadãos privados contra o Estado, mas ela própria está dentro do Estado, legitimando-o.

---

[3] Sobre este assunto ver também GOMES, Wilson. *Esfera pública política e "media": com Habermas, contra Habermas*. Petrópolis: Vozes / COMPÓS, 1998. Outras críticas a Habermas podem ser encontradas ainda em LIPOVETSKY, G. *Império do Efêmero*. São Paulo: Companhia das Letras, 1989.

Para Wilson Gomes, a esfera pública perde, gradualmente, sua condição de legitimar posições quando concernentes ao bem comum. O autor entende que a esfera pública atualmente se presta apenas a legitimar decisões políticas e não a produzi-las socialmente, ou seja, produzi-las com a participação pública. As decisões são, então, tomadas sem o conhecimento e a participação do público. Em sua visão, a partir do momento em que a esfera de decisão não é pública, ela se estabelece "não mais protegendo-se do Estado simplesmente, mas protegendo-se da esfera pública em geral, inclusive da forma institucional de esfera pública que é o parlamento" (1999, p. 207). Nessa linha de raciocínio, o autor entende que a esfera pública midiática torna-se legitimadora das decisões. Para obter tal resultado, a esfera midiática utiliza sua condição discursiva e de visibilidade para conseguir a boa vontade do público. Sob tal prisma, Gomes (1999) considera a esfera pública midiática "uma esfera de representação pública de posições geradas de forma não-pública". Por ser discursiva, em sua percepção, ela "ganha a aparência de esfera pública enquanto, na realidade, é esfera pública encenada, espetacular, espaço de exibição, vitrine de opiniões em disputa pela atenção e adesão" (p. 207).

Nessa linha de raciocínio, Wilson Gomes (1999) parece não contrariar o diagnóstico inicial de Habermas sobre a degradação da esfera pública, particularmente em sua dimensão política, diferenciando-se, porém, com sua análise que diz respeito à contemporaneidade e com o termo esfera pública que é substituído pela expressão cena pública política e midiática, além de questionar sobre a veracidade de ter existido algum dia a esfera pública política, já que acredita que

> [...] a cena política contemporânea, midiática e espetacular, seja organizada segundo os princípios da sedução; prefira a imagem ao argumento, prefira o lúdico ou o extraordinário ao contraste de idéias, prefira a velocidade à profundidade etc.[...] É a mesma arte política simplesmente atualizada pelas novas tecnologias

> de comunicação e formatada para o consumo de um público educado pela lógica dos media. [...] Em suma, não existiria esfera pública política, nem hoje nem nunca, na medida em que as suas propriedades nunca se concretizam na prática política que, por sua natureza, é competitiva, irracional e/ou motiva-se exclusivamente por cálculos de ganho. (p. 208)

No que tange à degradação da esfera pública moderna, Wilson Gomes (1998, p. 155) aponta como importante característica do novo contexto o fato de que a discursividade não é, como antes, critério que assegure a exposição de uma idéia, ou pretensão ao público. A discursividade serve agora para que se conquiste a boa vontade do público. Ao comparar os dois períodos históricos que configuraram diferentes esferas públicas, Gomes destaca: "Tratava-se de discussão, trata-se de sedução; tratava-se de crítica, agora, de manipulação" (1997, p. 155).

A discussão sobre a esfera pública contemporânea é abordada também por Hannah Arendt, estudiosa da natureza e das condições humanas na sociedade moderna. Ela busca na pólis grega o ponto de partida para relacionar a esfera pública e o domínio privado. Para Arendt (1958, p. 59), o termo público indica o que pode ser visto e ouvido pela coletividade, alcançando então grande divulgação. A autora (1958, p. 61) reforça sua posição teórica ao afirmar que

> [...] o que a esfera pública considera irrelevante pode ter encanto tão extraordinário e contagiante que todo um povo pode adotá-lo como modo de vida, sem com isso alterar-lhe o caráter essencialmente privado.

Esfera pública como cena de aparecimento

A concepção de Arendt (1958) se opõe à de Habermas quanto ao modelo de espaço público. Enquanto Habermas acredita na esfera pública como espaço onde se discute as questões práticas e políticas, onde a capacidade dos membros de uma sociedade convencerem uns aos outros depende da racionalidade dos argumentos – modelo racionalista de comunicação do espaço público –, Hannah Arendt considera a idéia de uma cena de aparecimento que orienta o observador para a dimensão fenomenal das atividades políticas produzidas no espaço público. São os juízos reflexivos dos espectadores que recebem essas atividades políticas surgidas na cena pública que estão na origem das opiniões que eles formam e que se mostram susceptíveis de engendrar um sentido comum, próprio de um espaço de pertença. Para a filósofa, o modelo de referência é constituído pelo espaço público, a ágora, local físico onde os cidadãos se encontram para debater os assuntos políticos da cidade.

A autora acredita que a questão da opinião deveria ser dissociada da verdade: o registro da formação da opinião dependeria do juízo dos espectadores. Surgiria como pertencente à ordem da persuasão e um nível de validade é independente do registro da verdade e da argumentação racional. Arendt (1958) defende que a esfera pública é o espaço onde o homem tem reservada a sua possibilidade de conseguir o seu verdadeiro reconhecimento.

> A excelência [...] sempre foi reservada à esfera pública, onde uma pessoa podia sobressair-se e distinguir-se das demais. Toda atividade realizada em público pode atingir uma excelência jamais igualada na intimidade; para a excelência, por definição, há sempre a necessidade da presença de outros, e essa presença requer um público formal, constituído pelos pares do indivíduo; não pode ser a presença fortuita e familiar de seus iguais ou inferiores. Nem mesmo a esfera social [...] pôde aniquilar completamente a conexão entre a realização pública e a excelência. (p. 58-59)

Acredita-se que essas considerações de Arendt podem ser relacionadas à proximidade proporcionada pelas rádios comunitárias, tanto na dinâmica preparatória para a instalação da emissora, na manutenção e no funcionamento, quanto no fato de dar maior reconhecimento às pessoas/moradores da comunidade, assim como a quem se utiliza do microfone.

Todas essas reflexões aproximam-se das percepções de John Downing (2002, p. 64), um dos autores que revisaram a obra inicial de Habermas, para quem a ampla dimensão espacial não mais necessita de uma ágora real para permitir que no interior de grupos ou fóruns particulares ocorra a circulação de informação, a comunicação e a conversa pública sobre os temas do momento. Autores mencionados por Downing no livro *Mídia Radical* (2002), como Arato e Cohen, criticam o sentido estático e localista de esfera pública e propõem a dimensão cinética que falta à tradução do termo esfera pública.

Downing (2002, p. 65) considera que a conversa pública dentro dos movimentos sociais ainda é moldada segundo os poderosos estímulos das economias capitalistas, de ordens sociais racionalizadas e culturas patriarcais. Em todo lugar, o poder, a hegemonia e a resistência encontram-se estampados e infiltrados nas instituições e nas práticas do diálogo público e dos movimentos sociais, assim como a cultura popular pode ser elitista, sexista, racista.

John Downing (2002, p. 61) recorre a Arato e Cohen para pontuar que "no período contemporâneo, os movimentos sociais constituem [...] a esfera pública". Estudando mais detalhadamente o assunto, Downing concebe esfera pública como instância de expressão e participação dos cidadãos vinculados ou não aos movimentos sociais organizados no debate de questões de interesse público. Para ele, sua reconfiguração consiste na ampliação e na pluralidade de esferas públicas no interior e na periferia dos movimentos sociais e comunitários, institucionalizados ou não, representando o novo tipo de apropriação do espaço público pela sociedade civil, não mais restrito aos locais institucionalizados de participação pública (parlamento, imprensa, elite intelectual, entre outros). Carey (*apud* DOWNIG, 2002, p. 63) acredita que a conversa espontânea sobre projetos públicos e políticos constitui o próprio núcleo da democracia. No entanto, segundo Carey, no final do século XX já quase não se vê a cultura da conversa pública, pois a mídia oficial praticamente deixou de alimentar a conversa pública.

Mesmo consciente de que é enganosa a visão romântica de que a gestão das rádios independentes (utilizou-se aqui o termo independente para distinguir as rádios não comerciais, como as comunitárias, livres, alternativas, entre outras) é livre de interesses particulares, corporativos ou políticos, não há como deixar de considerar as diferenças existentes entre os modelos de gestão e de rotina de trabalho entre tais emissoras. Ao citar o cenário que envolve as rádios comunitárias – a localização das emissoras dentro da própria comunidade, o acesso mais fácil dos ouvintes aos locutores e aos próprios microfones, os temas diretamente focalizados ao dia-a-dia da coletividade, entre outras características – naturalmente volta-se a discussão para maior facilidade das rádios comunitárias participarem, incentivarem e contribuírem para a mobililzação da população das comunidades nas quais estão inseridas. Relevante destacar que esse estudo considera as rádios com preocupações realmente comunitárias e não aquelas que se aproveitam da bandeira do comunitário para divulgar programação que atende a interesses particulares.

Este trabalho está atento ainda à proposta de Downing de substituir a noção de esfera pública pela de rede. Ele chama a atenção para a importância de se compreender o papel das redes de comunicação (teias de comunicação interpessoal que não operam por meio de mídia, embora sejam alimentados por ela e a alimentem) perante os movimentos sociais e políticos, ou seja, tais redes sociais são essenciais tanto para a mídia radical alternativa[4] como para os movimentos sociais: Downing (2002, p. 70) considera que a "utilidade da noção de rede é que ela foge à noção de audiência como algo atomizado, composto simplesmente de indivíduos ou famílias". Diante da conectividade dos movimentos sociais, a esfera pública

---

[4] A mídia radical alternativa constitui, na visão de Downing, a forma mais atuante da audiência ativa e expressa as tendências de oposição, abertas e veladas, nas culturas populares. Ver definição de mídia radical alternativa em DOWNING, 2002, p. 39-41.

não é apenas uma ágora idealizada, mas algo "tangível entre membros de círculos interligados, cuja comunicação mútua faz com que se relacionem em muitos níveis, não apenas no debate racional e metódico" (DOWNING, 2002, p. 70).

Como se vê, os autores que revisaram as idéias iniciais de Jürgen Habermas sobre a esfera pública garantiram rica contribuição para a análise do contexto socioeconômico e cultural contemporâneo. Esse entendimento leva em conta não apenas a importância da mídia para a mobilização social, mas, sobretudo, a constatação de que os receptores das mensagens não apenas não são passivos, como também se movimentam para segmentar os meios de comunicação de forma que se sintam mais servidos por eles, bem como se servem deles para reafirmarem seus valores, crenças e demandas comunicacionais.

A comunicação e a esfera pública midiatizada

Considera-se oportuno resgatar, após esses diálogos e críticas acerca da esfera pública defendida por Jürgen Habermas em Mudança Estrutural da Esfera Pública, bem como seus desdobramentos na contemporaneidade, as reflexões de Dominique Wolton (1995) sobre as contradições do espaço público midiatizado. Para esse autor, a existência de espaços públicos destinados ao debate dos problemas concernentes à coletividade é própria de regimes democráticos, o que, de certa forma, explica porque o centro de suas análises está justamente nas diferenças entre a esfera pública do Século XVIII e a existente na sociedade da democracia de massa. Conforme já assinalado anteriormente, o panorama atual é permeado pelo alargamento proporcionado pelo crescimento do número de atores e também de temas a serem tratados, assim como pelo desenvolvimento dos produtos midiáticos. Tais mudanças alteraram significativamente o próprio espaço público, que se tornou midiatizado, na medida em que passou a ser permeado pelos meios de comunicação.

Ele destaca a contradição da sociedade contemporânea que deve gerir a prioridade a tudo que facilita a "expressão, a identidade e a libertação do indivíduo e, ao mesmo tempo, uma sociedade que, no plano econômico, político e cultural, se baseia no grande número" (1995, p. 68). Só mesmo o espaço público midiatizado para dar conta de tais diferenças. O autor (1995, p. 69) enfatiza ainda o papel da imprensa escrita e dos meios audiovisuais na disseminação da informação e na comunicação, não apenas porque são numerosos e concorrentes entre si, mas porque provocam o alargamento do campo da política, "que lhes confere papel central tanto no domínio da produção como no da difusão da informação". A escassa bibliografia disponível sobre o tema alimenta, na opinião de Wolton (1995, p. 170), o paradoxo do espaço público midiatizado, na medida em que

> [...] a realidade foi mais rápida do que as idéias, pois enquanto se discutia ainda a emergência de um modelo democrático liberal, a história política já havia se modificado e entrava no período da democracia de massa.

A relevância da comunicação midiática na sociedade contemporânea tem despertado interesse de muitos estudiosos, entre os quais Gianni Vattimo (*Sociedade da comunicação*/Sociedade dos Mass Media), Manuel Castells (Era da informação/Sociedade em rede), Bernard Miège (Sociedade conquistada pela comunicação), Ismar de Oliveira Soares (Sociedade da informação ou da comunicação), Venício Artur de Lima (Sociedade media-centric) e Rubin (Comunicação & Política) que, grosso modo, analisam o potencial de influência desta sobre os receptores. Na visão desse último (2000, p. 37), a onipresença da infra-estrutura de tecnosociologia "e sua imanente exposição através da permanente fabricação e mediação de sentidos pela mídia constituem a singular ambiência de contemporaneidade". Rubin considera que esta onipresença da comunicação interfere na configuração da sociabilidade atual, que é invadida por "marcas" fabricadas pela mídia, como por exemplo, o espaço eletrônico, a tele-vivência[5] e globalização.

Essa questão exige maior entendimento sobre os processos comunicacionais em virtude da diversidade de conceitos e perspectivas da área. Por ser freqüentemente utilizado, o termo midiatização deve ser mais bem compreendido especialmente em função da sua diferença com mediação. Sodré (2002, p. 21) define midiatização como

> [...] órdem de mediações socialmente realizadas no sentido da comunicação, entendida como processo informacional, a reboque de organizações e com ênfase num tipo particular de interação – a que poderíamos chamar "tecnointeração".

Essa interação, na visão do autor, é caracterizada por uma espécie de "prótese tecnológica e mercadológica da realidade sensível, denominada *medium*".

Muniz Sodré (2002) classifica o largo espectro de ações coberto pela comunicação nas dimensões: a) veiculação, que compreende as práticas do mundo empresarial ligadas às tecnologias da informação; b) vinculação, como sendo as estratégias de promoção ou voltadas para a manutenção social, empreendidas por ações comunitárias, animação cultural, práticas sindicais, entre outras. Essa dimensão ressalta ações basicamente sociáveis e enfatiza uma comunicação não vinculada à atividade midiática. A terceira dimensão é relativa às posições de observação e sistematização de conhecimentos sobre as práticas empresariais e sociais de comunicação. Em outros termos, esse espectro solicita a construção de um saber comunicacional no âmbito do ensino e da pesquisa acadêmica.

---

[5] Televivência, para Rubin (2000, p. 37), é a vivência à distância, descolada do lugar e desprendida da presença; como capacidade de vivenciar um ausente, tornado presente, em tempo real, através de signos.

Ações comunitárias como mobilização social

É importante para este estudo refletir sobre o segundo espectro de comunicação – ações comunitárias, de mobilização social e de animação cultural –, que se expressa na convivência partilhada entre atores sociais de uma determinada comunidade de pertencimento, em que a comunicação exerça importante papel de canalizar e dar visibilidade ao que é comum a essa comunidade. Não se trata aí de mera agregação de sujeitos dispersos, mas de sujeitos que comungam de interesses e de projetos próprios. Nesse contexto, é inegável a contribuição das rádios comunitárias, principalmente quando se prestam a potencializar energias que propiciem a interação entre os envolvidos no processo de organização e a mobilização comunitária, possibilitando maior visibilidade de seus ideais e lutas.

O espaço de visibilidade midiática massivo, por sua vez, é considerado por Mafra (2006) como aquele resultante da atuação dos grandes veículos de comunicação (emissoras de televisão e rádio, jornais e revistas) destinado a grande número de pessoas, num território geográfico amplo.

> As informações que circulam nesse espaço não apresentam especificidades de linguagem ou tratamento da informação quanto ao público que irá recebê-las, direcionando-se, em última análise, a qualquer sujeito. (p. 49)

Nessa mesma perspectiva, o jornalista Hamilton Octávio de Souza (2001),[6] editor da Revista Sem Terra, esclarece que a

> [...] grande imprensa brasileira faz questão de propagar que atua com total liberdade de expressão, mas, na verdade, enfrenta sérias restrições para poder abordar – sem discriminação – as principais questões que interessam ao povo brasileiro. Ele aponta

---

[6] Artigo "O papel da imprensa diante dos movimentos sociais" – SP – 11/05/2001.

> como característica comum à maioria dos veículos
> de comunicação nacional "o controle ideológico so-
> bre a produção editorial, que começa na escolha das
> pautas, na seleção das fontes e passa pelo enfoque e
> pela edição final do material produzido.

Não há como deixar de considerar que tal situação reflete mais a interferência de interesses corporativos, políticos e econômios no ofício de formar e menos o fato de informar a sociedade sobre fatos e acontecimentos ocorridos, inclusive a partir da seleção dos temas e assuntos que chegam ao conhecimento dos públicos. Oportuno ressaltar que essas características constituem claras diferenças entre a mídia hegemônica e os meios comunitários de comunicação, cuja programação e seleção de pauta priorizam os interesses coletivos. A esses aspectos soma-se ainda o fato de que os veículos de comunicação não convencionais são geridos comunitariamente, o que significa que a população, ou seus representantes, decide o que será ou não divulgado. Importante esclarecer que este trabalho considera o conceito de comunitário definido pela Associação Mundial de Rádios Comunitárias (ver Capítulo 1 deste livro).

A comunicação midiática e os movimentos sociais contemporâneos

De forma diferente da verificada em outras regiões do mundo, os estudiosos da América Latina têm garantido relevante contribuição para debates mais sintonizados com as contradições e as tensões existentes no Terceiro Mundo e nos países em desenvolvimento. Percebe-se que os pesquisadores focalizam sua atenção especialmente nas discussões sobre os movimentos sociais e em como a articulação entre esses e a comunicação midiática, convencional ou não, fortalece os próprios movimentos na sua função de democratizar não só o acesso, mas também os próprios meios de comunicação. A discussão mais sofisticada relacionada ao simulacro, à telerrealidade, proporcionada pela indústria midiática parece ocupar plano secundário, se comparada à busca de alternativas como as rádios e as televisões comunitárias.

Ao pontuarem suas presenças em diferentes segmentos da sociedade civil a partir de ações concretas na luta pelo atendimento às necessidades societárias, os movimentos sociais tornaram-se um dos mais destacados atores sociais das últimas décadas. Eles não constituem experiências novas, fazem parte da história da humanidade e, mais recentemente, na América Latina, nas décadas de 70 e 80 do século XX, chamaram a atenção da sociedade civil e dos governantes para o seu potencial organizativo e de pressão contra a ordem preestabelecida.

Importante ressaltar que a construção da identidade dos movimentos sociais se caracteriza pela heterogeneidade e pela falta de unidade de ação (na medida em que não há condições plenas de articulação e integração entre eles, bem de organização de ações estratégicas de mobilização), de postura política e de configuração da identidade social. Eles abrangem ações no campo social, cultural, político, econômico, meio ambiente, racial, de gênero e outros mais próximos da esfera política e redistributiva. Geralmente reforçam, entre seus objetivos, uma sociedade mais justa e igualitária e não lutam pelo poder político, mas sim "pela rearticulação do poder, na possibilidade de se tornarem e permanecerem sujeitos da sua história" (Ruscheinsky, 1999, p. 53). Tal pluralidade de temas e de interesses evidencia que os movimentos sociais são constituídos também pelas contradições sociais, dando espaço até mesmo para as disputas entre forças opostas.

Abrigados pela sociedade civil, os movimentos sociais geralmente se contrapõem à institucionalização política, mas mantêm um relacionamento ou uma integração com a institucionalidade. Como populares que são, geralmente nascem da estratégia política da esquerda, na medida em que têm identidade própria e de oposição ao sistema político e ao patamar social existente. Os movimentos sociais são atores em negociação com o Estado, mas é o reconhecimento social que lhes dá relevância, o que ocorre quando ele é identificado e codificado pelo sistema institucional. Oportuno mencionar que a apropriação da literatura sobre os movimentos sociais deve-se à aproximação do cenário empírico desses movimentos com a mobilização da sociedade pela legalização das emissoras comunitárias.

Lutas sociais referem-se a direitos sociais pretendidos

Mas a vizinhança com o poder institucional não é sempre bem vista pelos vários segmentos da sociedade civil organizada. Ruscheinsky (1999) adianta que a proximidade com a institucionalidade pode provocar o enfraquecimento ou amainar a radicalidade do movimento, mas, ao mesmo tempo, pode também significar a possibilidade de desenvolvimento dele próprio, já que sem a influência institucional ele não terá alcance de mudança social. O autor reforça que as lutas sociais referem-se a direitos sociais pretendidos, em cujo processo podem surgir entendimentos e situações inesperados pelos próprios atores sociais. A mobilização das comunidades se dá em função das necessidades de se garantir direitos sociais e coletivos.

Esse caráter de embate é também percebido por Jessé Souza (2000), em *A dimensão política do reconhecimento social*, que configura um contexto de inversão em que, de atitude passiva e de manipulação as classes subalternas passam a exercer pressão sobre os líderes e sobre as organizações. Para o pesquisador (2000, p. 160), o avanço educacional transformou a atitude política da sociedade civil, razão pela qual os movimentos sociais da atualidade desafiam as elites ao invés de serem dirigidos por elas. Diferentemente do controle vertical como nas organizações políticas burocráticas clássicas, comum nos partidos políticos e sindicatos, por exemplo, os movimentos sociais agora são direcionados pelas suas bases, que não mais se submetem à manipulação.

Já Boaventura Souza Santos (2000) aponta para a redefinição valorativa dos atuais movimentos sociais, que enfatizam valores pós-materiais, em contraposição a ações de valores não-materiais.

Temas variados voltados para os direitos de minorias organizadas (que crescem a proporções significativas), "privilegiam o cultivo de uma subjetividade mais rica e diferenciada e uma relação com o meio social e natural menos predatória, encontrariam nesses setores seus suportes sociais mais imediatos" (p. 160).

Essa é também a tônica de estudo realizado por Cicília Peruzzo (1998a, p. 37-47) sobre a percepção das transformações vivenciadas pelos movimentos sociais em consonância com as mudanças verificadas nas sociedades onde estes ocorrem. Por refletirem a organização da sociedade civil, tais iniciativas são indicativo da sua importância histórica no que se refere às alterações no campo da cultura política. A autora chama a atenção para as mudanças ocorridas nos movimentos sociais, na medida em que esses evoluíram de uma fase de manifestações públicas para outra em que se preocupam mais em se constituírem como organizações legais, buscando então a sua própria articulação com outras iniciativas da sociedade civil, tendo em vista futuras ações conjuntas nos níveis local, regional e nacional.

Nessa fase, segundo a pesquisadora (1998a), os atores sociais estabelecem parcerias com instituições públicas e privadas como forma de atender às crescentes e diversificadas demandas de uma sociedade também em transformação. Numa fase posterior, e já demonstrando a sua integração no bojo da sociedade, os movimentos sociais fazem com que suas demandas e reivindicações sejam incorporadas e assumidas como sendo de toda a comunidade, ou pelo menos de uma grande parte dos atores coletivos. Nesse contexto, empresas e organizações passam a desenvolver projetos em parceria com seus funcionários voltados para programas de interesse público, contando com o amplo apoio da mídia a tais iniciativas.

Os movimentos sociais e suas estratégias de comunicação e visibilidade

Os meios de comunicação se inserem, hoje, na esfera pública? Entre todos os veículos de comunicação, as rádios comunitárias, mais especificamente, cumprem esse papel? Que condições ou elementos são necessários para que a coletividade tenha participação ativa numa esfera que lhe pertence e que existe apenas a partir da sua contribuição? E como isso se dá? Tais questões podem suscitar interminável, porém rico debate, na medida da pluralidade de interpretações e de análises desse conjunto de particularidades.

Assim como é polêmico, plural e dinâmico o cenário sociopolítico, cultural e econômico que envolve a luta em defesa das rádios comunitárias, tais características estão presentes também no interior do movimento que busa a legalização dessas emissoras. Mas, de forma geral, as emissoras comunitárias reafirmam o princípio da comunicação como direito humano fundamental e pressupõem não somente o acesso, mas a construção de conteúdos, a apropriação da tecnologia e a multiplicação da diversidade cultural e da socialização do conhecimento.

A preocupação das emissoras radiofônicas comunitárias está voltada para expandir o âmbito das informações, da reflexão e das interações sociocomunicativas ultrapassando os limites da mídia convencional. Esse tipo de rádio tem estreita relação com os movimentos organizados da sociedade civil e desempenha relevante papel no agendamento do debate público, seja no âmbito local, seja no regional, além de contribuir para formar uma cultura democrática nos espaços onde está inserido.

As rádios comunitárias refletem movimentações da sociedade civil, na medida em que representam um canal de contestação contra o sistema de radiodifusão vigente que impede o acesso às ondas sonoras da maior parte da sociedade. Em sua programação divulgam sua movimentação como grupamento, com necessidades, características, culturas e demandas próprias. A mídia comunitária volta-se para assuntos de interesse das comunidades, já que a realidade, bem como as demandas, os desafios e as potencialidades dessas nem sempre encontram ressonância na mídia convencional. Dessa forma, a mídia comunitária mantém-se aberta à participação da comunidade em todo o processo de criação, produção e divulgação da mensagem, assim como na gestão da própria mídia, entre outras características.

De forma bastante próxima da realidade social brasileira, ocorre também que determinadas emissoras comunitárias reproduzem modelos semelhantes aos da radiodifusão comercial. Alguns coordenadores das rádios admitem essa prática para não perderem a audiência para as emissoras comerciais, sendo obrigados, portanto, a mesclar a programação que, de acordo com a Lei 9612/98, deveria focalizar questões voltadas para o desenvolvimento socioeconômico e cultural da sociedade. Por não visarem ao lucro pecuniário, a grande maioria das emissoras comunitárias sobrevive com baixo custo financeiro, o que acaba por facilitar o acesso dos cidadãos e das organizações sociais aos microespaços públicos para divulgar mensagens de seu interesse. De acordo com os representantes do movimento pela consolidação das rádios comunitárias, grande parte dessas emissoras é regida sob o sistema presidencialista.[7]

O movimento das rádios comunitárias no Brasil é representado atualmente por diversas entidades com área de abrangência segmentada, nacional e internacional, como, por exemplo, a Associação Brasileira de Radiodifusão Comunitária (ABRAÇO), o Fórum Nacional pela Democratização da Comunicação (FNDC), a Rede Brasil de Comunicação Cidadã, a Associação Nacional das Rádios Comunitárias Católicas (ANCARC) e a Associação Mundial de Comunicação

---

[7] Sistema em que as rádios são administradas por um presidente, em contraposição ao modelo em que as emissoras são coordenadas por um colegiado formado por representantes de vários segmentos da comunidade. As decisões são tomadas pelo presidente e/ou dirigentes da rádio.

Comunitária (AMARC). Questiona-se se tal pulverização de segmentos representantes do setor contribui para a construção de um projeto unificado que tenha em vista consolidar o movimento das rádios comunitárias no País.

Para alcançar seus fins, os movimentos sociais usam das mais diversas estratégias de comunicação, como simples denúncias ou mobilizações e concentrações com grande número de pessoas, sendo cada vez mais comum sua organização em redes sociais, em âmbito local, regional ou nacional. Cada vez mais os movimentos e associações da sociedade civil incluem em suas estratégias a conquista de espaços públicos na mídia hegemônica, levando estudiosos a denominar esse fenômeno como sendo a reemergência da sociedade civil. Justamente por conhecerem a importância estratégica da comunicação, tornou-se comum os movimentos sociais investirem também na constituição de mídias próprias, promovendo a reformulação de novas mídias, como a comunitária, ou estabelecendo redes de informação via internet, entre outras.

Planejamento estratégico da comunicação

Estudiosos do setor, entre os quais Maria da Glória Gohn (2003, p. 16), afirmam que os atuais movimentos sociais entendem autonomia sob um ângulo não considerado nos anos 1980. Se antes ser autônomo significava manter oposição ao Estado, hoje o alcance do termo é bem maior, e sua autonomia passa a prever também o planejamento estratégico voltado para metas e programas, além de priorizar a cidadania e ser flexível para ampliar a participação a quem ainda não está integrado nas ações. Nesse contexto, a comunicação midiática ou comunitária exerce papel estratégico, a exemplo de outros movimentos, que têm, com respeitável competência, criado seus próprios meios e estilos de comunicação e se apropriado do espaço midiático convencional, assim como se valendo de outros alternativos.

O MST (Movimento dos Sem Terra), por exemplo, embora tenha o objeto de sua luta amplamente conhecido, frequentemente alimenta a mídia convencional com novos fatos. Seus representantes não esperam ser procurados pelos veículos de comunicação, mas, ao contrário, criam a notícia, colocam suas demandas na ordem do dia. Em outras palavras, eles agendam a grande mídia ao promoverem ocupações de áreas, caminhadas e protestos por todo o País, transformando essas ações em eventos midiáticos.

Embora seus dirigentes sustentem que o MST não dispõe de recursos financeiros para desenvolver campanhas de comunicação, o movimento valoriza sua estrutura nessa área com inúmeros veículos e instrumentos e com objetivos claramente voltados para dar visibilidade e sustentabilidade a suas ações perante a sociedade.

Além desses, a coordenação do MST realiza parcerias e ações cooperativas com estudantes, grupos populares organizados nas zonas urbana e rural e outros segmentos da população, como forma de se mostrar solidária contra as injustiças provocadas pela desigualdade de condições de vida.

> [...] As táticas de comunicação do MST não se restringem às cartilhas que produz e aos veículos que ajuda a construir. Tão ou mais importante é a sua capacidade de se fazer comunicativo, de interagir com as pessoas fora do movimento. (FONSECA, CUNHA, FREITAS, 2004)

A globalização e o desenvolvimento das tecnologias da informação e da comunicação trouxeram novas experiências para serem discutidas pelas ciências sociais, fazendo com que elas repensassem seus paradigmas e teorias em função das grandes transformações da sociedade e das próprias relações sociais, culturais e comunicacionais como um todo. Entre tais questões, destaca-se a maior visibilidade dos movimentos sociais, potencializada pela abertura de novas mídias e das estratégias dos movimentos sociais em ocupar os espaços da mídia hegemônica nas últimas décadas do final do século XX. Nesse cenário, a comunicação e a informação adquirem relevante estratégia no confronto entre os mecanismos de regulação social.

Outra iniciativa que deve ser destacada são as publicações *street paper*, existentes em mais de 50 países, comercializadas por pessoas que vivem nas ruas e encontram-se em situação de vulnerabilidade social, com a finalidade de gerar renda. No Brasil, a revista Ocas é vendida há cerca de cinco anos por moradores de São Paulo e do Rio de Janeiro e tem por objetivo não apenas gerar renda, mas também dar visibilidade à realidade desse contingente de pessoas.

De forma geral, os movimentos sociais sabem, como poucos atores sociais, se aproveitar da visibilidade alcançada nesse novo panorama, bem como a partir dos mecanismos midiáticos. Vários campos temáticos de luta – reivindicatórios de moradias urbanas e rurais, direitos humanos, étnico-raciais, religiosos, culturais, entre outros – com diferentes níveis de organização, tornaram-se rede e acabaram por marcar, às vezes até mesmo interferir, a dinâmica da vida social e política, como também a própria dinâmica de cobertura jornalística dos meios de comunicação convencionais.

Movimentos populares devem ressaltar suas razões

Rennan Mafra (2006, p. 46) discute relevante aspecto da luta dos movimentos sociais para alcançar não apenas maior visibilidade, mas também para ressaltar suas razões e, dessa forma, "gerar e sustentar o debate público e a deliberação". Na visão do pesquisador, ao ignorar os processos contemporâneos de comunicação, os movimentos sociais

> [...] acabam por deixar de reconhecer a dinâmica comunicacional da sociedade em sua totalidade [...] e tendem a ter menos possibilidades tanto para tematizar injustiças quanto para obter reconhecimento de sua existência perante os cidadãos.

Essa discussão nos remete ao movimento das rádios comunitárias que foi duplamente impulsionado pela visibilidade midiática. Primeiro por usar as próprias ondas sonoras comunitárias para se legitimar diante da comunidade, especialmente daquelas nas quais estão localizadas. Essa maior visibilidade foi facilitada, sobretudo, por características tão familiarizadas aos ouvintes, como, por exemplo, os temas discutidos, o tipo de programação veiculada, linguagem, proximidade física e o acesso mais simplificado, entre outras. A temática do direito a também gerar e distribuir informação e não apenas a receber conteúdos nem sempre vinculados à sua realidade conquistou a população.

Em segundo lugar, a rede favorável à comunicação comunitária foi beneficiada ainda pela própria movimentação contrária das emissoras comerciais, articuladas com representantes de órgãos governamentais. Ao se mostrarem tão irredutíveis em dividirem o espectro radiofônico e ao pressionarem os órgãos governamentais a empregarem métodos violentos para proibirem o funcionamento das rádios não comerciais, tais representantes chamaram mais a atenção para a luta pela democratização da comunicação e para as demandas de um contingente cada vez maior da sociedade que demonstra necessidade de expressar sua cultura, de se tornar também emissor de mensagens.

Mídia comunitária amplia interação

Outro aspecto da comunicação comunitária em prol da mobilização social é considerado pelo pesquisador Valdir de Castro Oliveira (2001), que ressalta o papel dessa mídia no estabelecimento da agenda política, ao trazer novas questões para a esfera pública. É ampla a dimensão interativa dessa mídia, na medida em que os movimentos sociais e as associações civis, ao comentarem o conteúdo transmitido, bem como estabelecerem correlações com a realidade local, reiteram seu papel de instância promotora do debate público.

Essas transformações são ainda mais perceptíveis quando a mídia é comunitária. Oliveira (2001) ressalta que

> nas emissoras televisivas e radiofônicas comunitárias o monopólio da fala, exercido pelos grupos tradicionais no poder e/ou confessadamente voltados

> para interesses econômicos, é rompido ou ameaçado pela proposta dessa nova modalidade de ocupação do espaço público. O cidadão comum, o favelado, associações comunitárias, os movimentos sociais descobrem que também podem politizar sua fala ou que podem se transformar de receptores passivos a produtores ativos de mensagens no espaço midiático, embora essa modalidade emergente de comunicação demande maiores estudos para se compreender com mais propriedade os seus limites e alcances. (p. 19)

Tem-se então que a ação dos movimentos sociais, da sociedade civil e da possibilidade de acesso do cidadão comum promove o alargamento da noção de mobilização social e participação política, na medida em que torna possível a pluralização de práticas discursivas. Nesse sentido, Oliveira (2001, p. 19) percebe que a sociedade civil organizada reconfigura

> [...] suas ações de mobilização e aprofundam a luta pela cidadania, não mais pela recusa da mídia, mas pela sua aceitação e avaliação crítica sobre a importância que representa ou pode representar para a luta social.

Por intermédio desses embates mobilizatórios, indivíduos e grupos lutam pelos seus direitos, afirmação e reconhecimento e, ao fazerem isso, contribuem para promover o aprendizado político das pessoas na esfera pública, porque no "movimento as pessoas se conhecem, ampliam sua sociabilidade, aprendem a falar, a formular questões sobre experiência de vida" (OLIVEIRA, 2001, p. 19).

Ao analisar a esfera pública contemporânea, a sociedade midiatizada e, sobretudo, o papel das rádios comunitárias sobre a formação do homem pós-moderno não se pode perder de vista que as formas de sociabilidade que possibilitam a construção das identidades e dos processos de identificação foram bastante alteradas na sociedade atual, em função das redes de comunicação e informação. Percebe-se que esse processo intensificou a compreensão do tempo e do espaço, reduzindo a distância física e psicológica entre as culturas e as sociedades que vivenciavam os fatos e acontecimentos.

Em face desse panorama, a comunicação e a informação não devem ser vistas apenas como instrumentos de entretenimento ou de difusão de conhecimentos, mas fundamentalmente como variáveis estratégicas que envolvem e determinam a construção de identidades e interferem nos processos de mobilização e participação a favor da regulação ou da mudança social. Ao utilizarem as próprias mídias para ressaltar assuntos de seu interesse, para destacar aspectos da sua cultura, reflexos da realidade em que vivem, os integrantes dos grupamentos socialmente organizados constroem, como se viu, trincheiras de resistência e de proteção aos seus valores.

Da mesma forma, ao terem acesso à produção de mensagens, ao participarem da reconfiguração da esfera pública, tais representantes comunitários constroem, no dia-a-dia, o sentimento de cidadania e tornam-se também construtores da sua comunidade. E, por essa via, conquistam o reconhecimento de seus pares, de familiares e de seus vizinhos, como será visto no capítulo seguinte.

CAPÍTULO 3

Rádios comunitárias:
identidade, cidadania e reconhecimento

O descentramento do homem pós-moderno, tema de estudos de pesquisadores de diferentes correntes, entre os quais Stuart Hall e Jürgen Habermas, introduz na discussão atual sobre identidade elementos que há até poucos anos não eram constitutivos dessa dimensão, em razão da percepção de que a territorialidade era instância referenciada sobretudo pelas raízes, pelos costumes e pela proximidade/demarcação física. A esse cenário soma-se ainda a sensação de incerteza provocada pelo colapso no mundo do trabalho, da política e da escola, instituições que garantiam certa segurança coletiva. Esse conjunto de elementos e situações acabou por trazer intensas transformações na formação do homem contemporâneo, assim como rupturas com tradições e com o modo de viver já enraizado.

Da mesma forma que a sociedade civil abriga uma pluralidade de instâncias de participação, como os movimentos sociais e os diferentes tipos de organização, também os indivíduos guardam rica multiplicidade de características.

Esses, amparados por suas memórias sociais, alteridades, sonhos e expectativas, motivados pelas necessidades, geram a dinâmica social. Essa movimentação nos instiga a examinar os possíveis pontos de interseção entre movimentos sociais, desejo por reconhecimento social e construção da identidade e da cidadania com o papel das rádios comunitárias no agendamento, no debate e na mobilização das coletividades em torno de questões de interesse público.

A globalização, que reduziu fronteiras e favoreceu as migrações, e as novas tecnologias de informação e comunicação resultaram em mobilidades e, em conseqüência, na interculturalidade de territórios e memórias. Ao considerar esse deslocamento do sujeito e de suas certezas – diante de tão profundas mudanças no que antes lhe garantia estabilidade –, bem como as alterações estruturais e institucionais, Stuart Hall (1999) vê o homem pós-moderno como fragmentado e constata que suas identidades são definidas historicamente.

Já Barbero (2006) parte desses elementos, e também de fluxos e de instantaneidade, para relacionar a diversidade cultural presente nas redes e interagindo com o processo de globalização, acabando por transformá-la. Em sua visão, é a partir desse processo que

> [...] hoje se projetam buscas alternativas, comunitárias e libertárias, capazes de reverter o sentido majoritariamente excludente que as redes tecnológicas têm para as maiorias, transformando-as em potencial de enriquecimento social e pessoal. (p. 61)

Ao discutir a diversidade cultural, esse autor introduz a relação da narração com a identidade, vista por ele como constitutiva, na medida em que toda identidade cultural é narrada.

Para esse autor, a identidade não é construída pelo simples fato de se estar agrupado, mas sim pelo que

> [...] dá sentido e valor à vida do indivíduo. [...] A identidade depende de um sujeito individual ou coletivo, e,

> portanto, vive do reconhecimento dos outros, [na medida em que é construída] no diálogo e no intercâmbio, já que é aí que indivíduos e grupos se sentem desprezados ou reconhecidos pelos demais. (p. 65-66)

Ao destacar o novo sujeito, Martin Barbero (2006,) chama a atenção para o fato de que

> [...] estamos em nosso pleno direito ao nos negarmos a ter que escolher entre o universalismo herdado da ilustração, que deixava de lado setores inteiros da população, e um diferencialismo tribal que se afirma na exclusão racista e xenófoba, pois essa disjunção é mortal para a democracia. [...] A democracia está necessitada, hoje, de uma cidadania que se encarregue das identidades e das diferenças. Pois a democracia se transforma hoje em palco da emancipação social e política, quando exige que sustentemos a tensão entre nossa identidade como indivíduos e como cidadãos, pois só a partir dessa tensão será possível sustentar coletivamente a outra, a tensão entre diferença e equivalência. (p. 66)

Na concepção desse pesquisador, os novos conceitos de cidadania não são mais definidos pelos títulos de nobreza ou pela falta deles, mas sim a partir da negociação do reconhecimento pelos outros. Ele percebe que, diante do alargamento da troca de culturas, as organizações estatais e privadas não comportam a diversidade cultural e fragmentam a sociedade.

> Tal ruptura só pode ser saturada com uma política de extensão dos direitos e valores universais a todos os setores da população que têm vivido fora da aplicação desses direitos, sejam mulheres ou minorias étnicas, evangélicos ou homossexuais. (p. 65-66)

Esse cenário multicultural, aliado à ampliação da consciência da existência de guetos sociais, políticos, culturais, econômicos, invoca os direitos de cidadania. O sujeito luta pelo reconhecimento (de seus direitos) basicamente em duas frentes: pelo direito de participar e de intervir nas decisões que afetam a sua vida (e para isso necessitam serem informados) e também pelo

> [...] direito à expressão ns mídias de massa e comunitárias de todas aquelas culturas e sensibilidades majoritárias ou minoritárias, através das quais passa a ampla e rica diversidade da qual são feitos nossos países. (BARBERO, 2006, p. 67)

Como se vê, ao se considerar hoje o sujeito globalizado (o cidadão do mundo) não se pode desmembrá-lo das dimensões que o conformam, como cidadania, identidade e reconhecimento. A luta e a mobilização social por cada uma delas, somadas a tantas outras, compõem, impulsionam e configuram o movimento pela legalização das rádios comunitárias. É por esses canais que o crescente contingente de pessoas que não dispõem de espaço nas mídias comerciais para relatarem suas realidades, culturas e demandas desejam se expressar e insistem em participar da construção de suas comunidades e da vida de seus países.

A identidade a partir de fragmentos comunitários

A construção da identidade é intensamente discutida na teoria social por autores de diferentes correntes, que apontam a questão identitária como forma de resistência à padronização e à homogeneização, podendo ser vista também como fator gerador de mudanças socioculturais, dependendo de suas raízes históricas. Como já exposto anteriormente, as movimentações urbanas representam importantes fontes de resistência à lógica unilateral dos vários modelos econômicos e acabam por gerar a formação de organizações autônomas com bases locais.

Respeitado pesquisador da sociedade contemporânea, Castells (1999, p. 79) vê estreita relação entre o sentimento de pertencimento e os interesses comuns com o processo de formação de identidades. Ele sugere que os movimentos urbanos, possuidores que são de finalidades preestabelecidas, concentram-se em três grandes frentes, a saber: as necessidades urbanas de condições de vida e consumo coletivo; a afirmação da identidade cultural local e, finalmente, a conquista da autonomia política local e participação na qualidade de cidadãos. Constata-se com maior clareza, a importância das culturas locais como contraponto da intemporalidade global. Para o sociólogo (1999, p. 84), as comunidades locais representam fontes específicas de identidades que constituem reações a imposições. "Elas constroem abrigos, mas não são paraísos" (p. 89), adianta.

A relação entre a formação das identidades individual e coletiva demonstra afinidade com as idéias de Castells (1999) e de Ruscheinsky (1999), por destacarem que essa dimensão representa resistência a mudanças indesejadas. Nessa linha de raciocínio, a identidade reflete algo de construção de memória social e significa a representação coletiva sobre o próprio grupo, consolidando a integração. Em outras palavras, identidade pode ser entendida como sendo o conjunto de idéias que oferece resistência a influência ou ataques externos. Novamente resgata-se o movimento das rádios comunitárias, que representa a luta de grandes parcelas da sociedade pelo direito de se expressar e de, a partir da mobilização popular, gerar informações mais voltadas para sua realidade e seus interesses.

Numa análise próxima à de Castells, Rousiley Maia (1999, p. 14) evidencia a estreita ligação entre comunidade e identidade, ao defender que a construção da identidade baseia-se em fontes múltiplas, na medida em que o indivíduo, numa sociedade estratificada, é localizado em vários subsistemas de diferenciação social, como o político, o econômico, o religioso e o educacional, entre outros.

A autora entende que em algumas situações impera a lógica do sistema social, da racionalidade ou do poder e, nesse caso, o indivíduo age segundo as expectativas de outrem, assim como de instituições sociais. Nesse sentido, para ela, a identidade pode ser entendida também como "espelho interno de encontros sociais" em condições sociais (MAIA, 1999, p. 15). Tal pensamento apóia-se em estudos contemporâneos, que mostram que as instituições e os ambientes de conhecimento exercem controle disperso ou reflexivo sobre o indivíduo. Como resultado, tem-se que a identidade de uma pessoa ou grupo passa a ser formada a partir de complexos processos, nos quais todos os locais podem influenciar uns aos outros simultaneamente. Com base nessas reflexões, a autora oferece uma visão de identidade multilocalizada.

Ao enfatizar que a construção da identidade é sempre permeada pelas relações de poder, Castells (1999, p. 85-86) propõe a distinção entre três formas e origens de constituição de identidade: a identidade legitimadora, a de resistência e a de projeto. Constata-se clara relação entre essas formas, na medida em que a primeira expande e racionaliza a dominação das instituições da sociedade sobre os atores sociais, ao passo que a segunda é criada por atores que se encontram em desvalorização diante da dominação. Dessa forma, constroem trincheiras de resistência, visando a sobrevivência, geralmente apoiados em princípios diferentes daqueles utilizados pelas instituições. A terceira forma se dá a partir da construção de uma nova identidade, visando a redefinição de sua posição perante a sociedade.

A contemporaneidade abriga alguns exemplos de identidades que originalmente eram de resistência e passaram a ser de projeto, como é o caso do Movimento dos Sem Terra (MST), que se constitui hoje como uma das principais iniciativas de organização da sociedade civil e que tem um projeto de sociedade. Oportuno reforçar que esse movimento tem como uma de suas mais atuantes frentes as atividades de comunicação social que, planejadas estrategicamente, ao mesmo tempo em que realizam ações voltadas para legitimar-se diante da sociedade, visam também ampliar a conscientização de seus membros e, portanto, apoiar a construção da identidade coletiva.

Da mesma forma, percebe-se que o movimento das rádios comunitárias reflete preocupação em colaborar com a construção de identidade coletiva por meio da democratização da comunicação. Essa iniciativa demonstra a necessidade das comunidades se expressarem e pontuarem suas exigências para a construção da sua participação cidadã, que vem a ser o seu projeto central, embora sua face mais visível mostre atitudes de resistência.

Importante ressaltar que a construção da identidade dos movimentos sociais se caracteriza pela heterogeneidade e pela falta de unidade de ação, em função das inúmeras dificuldades que enfrentam para se articularem e se integrarem, de postura política e de configuração da identidade social. Eles abrangem ações no campo social, cultural, político, econômico, ambiental, racial, de gênero e outros mais próximos da esfera política e redistributiva, muitas vezes pontuais e fragmentadas.

Oportuno buscar em Bourdin (2001, p. 28) reflexões sobre o sentimento de pertencimento para a constituição do vínculo social, formado a partir da construção das identidades individual e coletiva. Para ele, o vínculo social é fundamentado principalmente pelas dimensões da complementaridade e da troca, do sentimento de pertença à humanidade – que nos induz a reforçar laços com outras pessoas a partir do vínculo familiar – e do compartilhamento da mesma cotidianidade. Essa proximidade conduz ao vínculo social, pois o viver junto encontra forte expressão na idéia do local.

Nesse contexto se inserem as emissoras radiofônicas comunitárias que, assim como outros meios de comunicação comunitários, estão focalizadas principalmente em temas e questões que despertam interesse mais próximo da comunidade. Esses veículos priorizam a mobilização social e a educação informal e incentivam a participação da comunicação em questões específicas do local.

É pelo ângulo dos movimentos sociais que Valdir Oliveira (2001) enriquece a análise sobre a relação entre identidade e participação, já que ambos, em sua concepção, devem ser entendidos sempre a partir das relações sociais e das formas simbólicas do local. Para ele, a identidade é caracterizada pela mutabilidade, na medida em que ela se transforma em decorrência de

> [...] fatores culturais e políticos, porque ela não é forjada apenas no que está social e culturalmente determinado, mas também pelo que tem de indeterminado, como o fluxo livre e aberto dos eventos no mundo que provocam as mudanças.

A questão identitária e a sua relação com as manifestações culturais constituem o foco das análises de Stuart Hall (2003) sobre o alcance político-cultural da globalização. Ele estabelece relação entre a indústria cultural e as formas de entendimento da realidade de acordo com a maneira pelas quais elas são organizadas, reconstruídas e remodeladas. Em *Da diáspora – Identidades e mediações culturais* (2003, p. 254-255), o pesquisador jamaicano entende que a identidade cultural remodela sentidos e significados, além de ajustar definições das pessoas ao modelo cultural predominante, reafirmando, assim, o poder da concentração cultural nas mãos de uma minoria.

Mesmo reconhecendo que tal estrutura não tem o poder de encampar as mentes, ele aponta a condição dessas em retrabalhar as contradições internas dos sentimentos e percepções das classes dominadas. O autor (2003, p. 255) enfatiza os fortes efeitos da dominação cultural sobre o comportamento das pessoas e reforça que "afirmar que essas formas impostas não nos influenciam equivale a dizer que a cultura do povo pode existir como um enclave isolado, fora do circuito de distribuição do poder cultural e das relações de força cultural. Não acredito nisso".

Hall, no livro *A identidade cultura na pós-modernidade* (1999, p. 77), considera exagerado, porém, o temor de homogeneização da cultura e aponta três contratendências que amenizam tal possibilidade. A primeira delas está relacionada ao fato de que, concomitantemente ao poder de homogeneização global, percebe-se a sedução e o encantamento pela diferença. Nesse caso,

> [...] há, juntamente com o impacto do global, novo interesse pelo local. A globalização [...] explora a diferenciação local. Assim, ao invés de pensar no global como substituindo o local seria mais acordo pensar numa nova articulação entre o global e o local. (p. 17)

A segunda argumentação prende-se ao fato de que a globalização não é distribuída da mesma forma a todas as regiões do mundo e nem todos os extratos da população são por ela tocados da mesma forma. A terceira crítica à possibilidade de homogeneização cultural vem da necessidade de se saber o que é mais diretamente afetado por ela, diante da possibilidade de a globalização ser, na verdade, não algo que afeta todo o globo, mas sim que atinge essencialmente o mundo ocidental (HALL, 1999, p. 78).

Considerando os estudos de Hall sobre a construção da identidade do homem a partir dos processos de mudança, que dá então origem ao sujeito descentrado/deslocado do seu lugar e da sua cultura, Rucheinsky (1999) chama a atenção para o fenômeno de ação e reação no processo de construção da identidade dos movimentos sociais, na medida em que se dão juntamente com a reação dos opositores aos seus propósitos. Por essa razão, ele sugere que, ao se investigar a identidade, deve-se considerar também a subjetividade tanto do sujeito individual quanto do coletivo. Percebe-se, nessa medida, que a identidade é forjada na luta, no dinamismo da vida, das ações individuais e coletivas.Tais considerações mostram-se relacionadas ao contexto da microesfera comunitária, cuja população tem suas identidades individual e coletiva "alimentadas" pela programação e participação nas emissoras comunitárias.

Tem-se, portanto, que não se constrói a identidade a partir de concessão natural, posto que ela é historicamente construída dentro dos condicionamentos e limites existentes. As palavras de Ruscheinsky (1999, p. 20) reforçam tal característica: "a ação coletiva constrói o perfil da identidade e, ao mesmo tempo, age sobre ela na direção de incrementá-la ou mesmo de modificá-la". Por entender que não existe uma identidade completamente formada entre os movimentos sociais, o autor destaca que

> [...] a busca pela identidade representa a possibilidade de construção, pelo movimento social, do empenho pelo futuro, de introduzir na história um projeto de superação das desigualdades do presente. (p. 48)

Nesse sentido, o professor enfatiza que a identidade de classe tem como referencial o fato de se levar em conta temas e interesses coletivos antes de se considerar os individuais. Isso pode ser confirmado pela afirmação de que

> [...] o sujeito já não é somente uma redoma sobre si mesmo, mas, para se constituir, passou pelo coletivo. É a consciência social que possibilita e vai produzir a consciência coletiva. A identidade chega ao seu topo quando assume o patamar da consciência de classe. (RUSCHEINSKY, 1999, p. 44)

Essa perspectiva sugere estreita relação com a função social das rádios comunitárias, visto que elas, ao noticiarem informações de interesse local, ampliam os laços dos sujeitos com a comunidade, e, conseqüentemente, contribuem para a mobilização social e para a construção da identidade pessoal e coletiva. Pelas abordagens e pelos diálogos dos autores consultados, constata-se que o processo de construção da identidade é complexo e composto por diferentes variáveis, resultado das práticas comunicacionais, relações sociais e reconhecimento, entre outras. Introduz-se nesse conjunto o consumo, cujo conceito tem gerado controvérsias dada a sua origem na economia. Não se pretende neste trabalho caminhar à margem das dimensões economicistas; porém, sua importância é considerada nas práticas culturais que compõem o cotidiano do sujeito contemporâneo.

A cidadania como participação na esfera pública

A cidadania é outra dimensão que compõe o eixo central deste livro, que discute a contribuição das rádios comunitárias para a reconfiguração da esfera pública e para a construção da cidadania e do reconhecimento. Objetiva ainda identificar a inter-relação entre os processos de construção da identidade, da cidadania, o desejo por reconhecimento e em que medida esses elementos estão presentes na dinâmica dos movimentos sociais e, em particular, das rádios comunitárias.

Embora não seja um termo atual, mas originalmente empregado na Grécia antiga, "cidadania" está entre os conceitos mais utilizados nas últimas décadas por intelectuais, políticos, pela mídia e pela população de forma geral. Infere-se se a maior popularização do termo significa que a população está mais atenta aos seus direitos e deveres enquanto partícipe da vida em sociedade. Se for essa a razão da maior freqüência do uso, ou mesmo se este se der por outro motivo, entende-se que se deve conhecer melhor o significado histórico do termo, bem como a sua origem.

É possível perceber, numa breve recapitulação histórica, como o conceito de cidadania reflete, em suas diversas faces, o estágio de desenvolvimento sociocultural, econômico e industrial vivenciado pela sociedade. Do seu nascimento até o século XX o conceito sofreu profundas transformações que, embora sejam bastante ricas por guardarem informações e memórias do processo transformação da sociedade, não serão abordadas neste trabalho.[1]

---

[1] Para maiores informações e detalhamentos sobre o tema, ver MARSHALL, 1967.

Josué Pereira da Silva (2000, p. 127) baseia-se no conceito de cidadania de Marshall (1967), sistematizado no final da década de 1940, segundo o qual essa noção compõe-se dos elementos civil, político e social, sendo que a cada um deles, corresponde um conjunto de direitos. A cidadania civil é formada pelos direitos necessários à liberdade individual, a cidadania política, pelos direitos de participação no exercício do poder político, e a cidadania social, pelo conjunto de direitos, que inclui segurança e bem-estar econômico, o direito de compartilhar da riqueza socialmente produzida e o de viver uma vida civilizada, segundo padrões sociais condizentes. Como complemento a essas reflexões, oportuno resgatar Carvalho (2001, p. 9), para quem o cidadão pleno deveria ser titular dos direitos civis, políticos e sociais. "Cidadãos incompletos seriam os que possuíssem apenas alguns dos direitos. Os que não se beneficiassem de nenhum dos direitos seriam não-cidadãos."

Importante ressaltar a existência de críticas à teoria desenvolvida por Marshall por parte de alguns estudiosos do tema, a exemplo de Bryan S. Turner, que considera uma descrição da evolução dos direitos sociais ingleses. Turner (*apud* SILVA, 2000, p. 128) entende que

> [...] há na cidadania uma ambigüidade que se reflete em sua própria história: ela se apresenta como uma forma de incorporação social, mas também como um conjunto de condições para a luta social.

A partir desse raciocínio, Jessé Pereira da Silva (2000) conclui que a cidadania é conquistada a partir da luta de pessoas ou grupos que se sentem excluídos e que o fato de alguém se sentir excluído configura um ideal de cidadania a ser alcançado e deve-se lutar por ele. Para o autor, a partir da

> [...] diferença entre o que é praticado atualmente como cidadania e o que deve ser a cidadania plena numa sociedade moderna, pode-se perfeitamente pensar na possibilidade de sua ampliação, pela incorporação de novos direitos. (p. 129)

O direito à comunicação e à informação deve ser incluído por se tratar de um direito fundamental dos sujeitos individuais e coletivos. Por essa perspectiva, recupera-se a mobilização social em torno da legalização das rádios comunitárias, que contribuem para a formação da opinião pública local a partir da informação plural, que, por sua vez, contribui para a formação de consciência crítica na população.

O grande diferencial: as rádios comunitárias estão focadas nas demandas coletivas

Entre os autores que estudam esse conceito na contemporaneidade, Liszt Vieira (2000, p. 25, 26) busca, como ele mesmo define, "o elemento aglutinador: o sentimento de comunidade, de identidade coletiva, que seria, nos antigos, pertencer a uma cidade, e nos modernos, a uma nação". Por esse raciocínio, a construção de uma cidadania plena exige equilíbrio entre os espaços público e privado. Nessa perspectiva, Gohn (2003, p. 174) entende que cidadania "é uma virtude a ser conquistada no exercício de práticas identitárias, e uma prática em busca do bem comum".

Esse tema é também contemplado por Cicília Peruzzo (2004), que evidencia as práticas vivenciadas pelos movimentos populares a partir da organização da sociedade civil visando à melhoria das condições de vida asseguradas pelo acesso a bens de consumo que refletem os direitos mínimos aos indivíduos, como tratamento de saúde, educação e moradia, entre outros. Retornando a Gohn (2003, p. 176), os movimentos sociais

> [...] são os sujeitos históricos que construíram e expressam a cidadania coletiva. A cidadania coletiva, muitas vezes, choca-se com a lógica do capital porque questiona um dos pilares do sistema capitalista que é a propriedade privada e propõe a propriedade coletiva.

Esse pensamento é pertinente ao tema central deste trabalho, já que o movimento pela legalização das rádios comunitárias visa justamente a administração comunitá-ria/popular das emissoras radiofônicas. Soma-se a essas considerações o fato de que, como canal de comunicação mais próximo à comunidade e às questões de interesse di-retamente ligado às pessoas, as rádios comunitárias estão focadas prioritariamente no interesse e nas necessidades coletivas, e não especificamente no lucro financeiro. É nessa confluência que o movimento pela legalização das rádios comunitárias se depara com um grande desafio: se opor à lógica preferencial pelo capital, defendida pelos proprietá-rios de rádios comerciais.

Tal discussão é balizada pela concepção dos direitos de terceira geração, definidos por Marshall (1967) nas últimas décadas do século XX para explicar, dentro do estudo sobre os direitos civis, os direitos que têm como titular os grupos humanos, as coletividades. Dado ao amplo espectro dessa categoria de direitos que abrange inúmeras questões e ele-mentos – como culturais, a exemplo de grupos étnicos, etários, feministas e ecológicos, entre outros – ela é classificada por Bobbio (1992, p. 6) como sendo de "categoria heterogênea e vaga", e inclui os direitos metaindividuais, considerados e defendidos por determinados grupos e categorias.

Os direitos de terceira geração, referidos por Bobbio (1992), permitem estabelecer estreita relação com o movimen-to das rádios comunitárias, já que estas buscam a ampliação de espaços e lugares para os que não têm voz, ou que a têm de maneira reprimida e controlada. Nesse aspecto, Bobbio (1992) chama a atenção para a contradição que permeia tal questão, evidenciando que os direitos do cidadão ainda não são garantidos em sua universalidade, já que, se por um lado tem-se extensa bibliografia que trata dos direitos do homem, além dos eventos e documentos específicos sobre o tema, constata-se também, por outro lado, a interpelação contínua sobre esses mesmos direitos.

As emissoras comunitárias trabalham (no sentido de divulgar, abrir discussões) não só os direitos de terceira e quarta geração (referentes à pesquisa biológica), mas também os de primeira e segunda (que tratam dos direitos civis e sociais), abrindo debates e espaços para a participação das minorias, que manifestam desejo e lutam para opinar sobre questões coletivas e desempenharem, assim, seu papel de cidadãos. Acredita-se que, dessa forma, tais emissoras contribuirão para estender a consciência de cidadania dos sujeitos individuais e coletivos da sociedade contemporânea.

Nessa perspectiva, o engajamento do indivíduo na produção e na circulação de mensagens é fundamental, já que, pela participação, os receptores, que, até terem acesso à produção e emissão de mensagens, eram passivos, tornam-se também emissores do processo de comunicação. Tal situação é aqui considerada a partir dos meios de comunicação populares ou alternativos. Esse é o contexto ideal para que ocorra o processo de educação, na medida em que

> [...] a pessoa inserida nesse processo tende a mudar o seu modo de ver o mundo e de relacionar-se com ele. Tende a agregar novos elementos à sua cultura. [...] Os meios de comunicação comunitários/ popular [...] contribuem, portanto, duplamente para a construção da cidadania. Oferecem um potencial educativo enquanto processo e também pelo conteúdo das mensagens que transmitem. (Peruzzo, 2002)[2]

Na visão da pesquisadora (Peruzzo, 2004, p. 17), a ampliação da cidadania se dá, sobretudo, pela democracia na comunicação e pela mobilização social. Nesse sentido, Peruzzo (2004, p. 18) reforça que os meios de comunicação comunitários são os que

---

[2] Disponível em: <http://www.metodista.br/unesco/pcla/revista13/revista13htm> Acesso em: 13 de março/2005.

> [...] mais potencializam a participação direta do cidadão na esfera pública convencional no Brasil contemporâneo. Eles estão mais facilmente ao alcance do povo, se comparados com a grande mídia. Primeiro, porque se situam no ambiente em que as pessoas vivem, conhecem a localização e podem se aproximar mais facilmente. [...] Segundo, porque se trata de uma comunicação de proximidade. Ela tem como fonte a realidade e os acontecimentos da própria localidade, além de dirigir-se às pessoas da "comunidade", o que permite construir identificações culturais. (p. 18)

Ao considerar a proximidade e a familiaridade como elementos que explicam e caracterizam a mídia comunitária, Cicília Peruzzo chama a atenção para a importância das relações de proximidade nos meios de comunicação alternativos/populares.

O potencial educativo dos meios de comunicação deve ser considerado

Como se pode perceber, tal dinamismo da sociedade gera um nível de conhecimento e aprendizado que pouco a pouco vai construindo a cidadania de atores sociais, de uma sociedade. Constata-se que os meios de comunicação têm papel fundamental nesse processo e, cada vez mais, se impõem como meio educativo. Oportuno recorrer a Paulo Freire (1981), que sintetiza a orgânica relação entre os dois campos, ao estabelecer estreita articulação entre educação e comunicação. O engajamento social que tal situação produz, ao incentivar a participação popular, abre espaço para a construção e a reconstrução de valores, para a conscientização do homem sobre os seus direitos e deveres na sociedade, ampliando, portanto, o conceito e a prática da cidadania.

Recorre-se novamente a Gohn (2003, p. 177), segundo a qual a cidadania "pressupõe a existência de uma sociedade civil inserida em redes e conexões entre pessoas e grupos, e ainda normas e valores que exerçam papel significativo na vida social". Ela entende que as transformações provocadas pela política neoliberal, ao mesmo tempo em que reduziram a participação do Estado, diminuindo com isso a esfera social, ampliaram o espaço do mercado. A autora acredita que o neoliberalismo deu novo significado à cidadania, criando a sua face voltada para o mercado.

Essa discussão pode ser ancorada no pensamento de Ruscheinsky (2000), que busca na memória social de grupos subalternos maior aproximação com a construção da identidade e da própria cidadania e com a proposta de construção da sociedade democrática. Em sua visão,

> [...] identidade no âmbito da cidadania significa ocupar um espaço político no conjunto de outras forças sociais. Os movimentos sociais, no mais das vezes, propõem um reordenamento da coisa pública, alterando compromissos existentes com o privado. (p. 74-75)

É justamente essa proximidade entre a dimensão cidadania e a organização da sociedade civil que permeia as considerações de Dagnino (1994). A constatação de que a luta pelos direitos civis, refletida nos movimentos sociais, sobretudo no que defende a legalização das rádios comunitárias, que ressalta direito ao cesso à informação e à educação voltadas para a realidade mais próxima de considerável parcela da população, é a base para o surgimento de nova concepção de cidadania direciona a análise dessa autora, de forma a destacar o caráter de estratégia política do termo na contemporaneidade, entendido por ela como o traço de "construção histórica, definida, portanto, por interesses concretos e práticas concretas e pela sua contínua transformação" (p. 107).

Cidadania pressupõe propostas de sociabilidade

Para Evelina Dagnino (1994), o conceito de cidadania não tem conteúdo e significado únicos, já que tal dimensão está relacionada com a dinâmica de conflitos reais. Em outras palavras, cidadania tem a essência que essa dimensão possui para cada grupamento humano, na medida em que conteúdo e significado são definidos pela luta política. A autora explica que essa perspectiva enfatiza "a necessidade de distinguir a nova cidadania dos anos 90 da visão liberal, que [...] acabou por essencializar a noção de cidadania" (p. 107).

A nova noção se diferencia também pelo alargamento do conceito, que não se esgota na simples aquisição formal de direitos, mas, ao contrário, é uma proposta de sociabilidade. Tal consideração leva a mais uma diferenciação, pois cidadania não se prende à relação com o Estado ou com o indivíduo, na medida em que está voltada para a sociedade civil como um todo.[3] A pesquisadora entende que tal noção não se limita a aceitar a cidadania como o simples acesso e inclusão, mas, sim, buscar "o direito de participar efetivamente da própria definição desse sistema, o direito de definir aquilo no qual queremos ser incluídos, a invenção de uma nova sociedade", ainda que isso signifique modificações tanto na sociedade quanto nas relações de poder que a sustentam. Também nesse ponto do debate constata-se a pertinência do foco das emissoras comunitárias, voltado para pluralizar as esferas públicas das comunidades onde atuam.

Essas manifestações de cidadania pousam sobre exemplos práticos, como é o caso de administrações municipais baseadas no orçamento participativo, em que a população decide o destino de aplicação das verbas públicas em obras de interesse coletivo. Outras situações que conclamam a maior participação do indivíduo e que podem ser entendidas como exercícios de construção da cidadania são exemplificadas pelo trabalho realizado pelas emissoras radiofônicas que definem sua programação de forma a atender as demandas

---

[3] Para maior esclarecimento sobre as distinções entre as noções de cidadania, consultar DAGNINO, 1994.

comunitárias. Reconhece-se que, nesse caso, mesmo as rádios comerciais podem abrir em sua programação espaços voltados para os interesses comunitários, apesar de o perfil de público dessas emissoras não ser o mesmo das rádios comunitárias.

Ruth Corrêa Leite Cardoso (1994, p. 90) chama a atenção para o fato de que essa discussão requer entendimento maior do que simplesmente dizer que a cidadania é a consciência dos seus direitos. "Há muitos anos os operários têm consciência de algo chamado 'mais-valia', e nem por isso a gente consegue mudar o capitalismo". Ao partir do pressuposto de que "cidadania é uma relação entre o Estado e a sociedade civil, entre esfera pública e a esfera privada", a socióloga faz um questionamento sobre como se dá hoje a relação entre o Estado e a sociedade civil e o que significa a incorporação dos direitos coletivos pelo Estado.

As rádios comunitárias como possibilidade cidadã de reconfiguração da esfera pública a partir do reconhecimento social

Qual o significado de reconhecimento quando se analisa o contexto social, a transformação da sociedade civil a partir dos movimentos sociais, quando se aborda os direitos humanos? De que forma as rádios comunitárias podem contribuir para a construção da identidade e para o reconhecimento do sujeito contemporâneo em sua comunidade?

No texto "Cidadania e reconhecimento", Josué Pereira da Silva (2000, p. 125-131) distingue os dois conceitos e busca pontos de interseção entre eles. Silva utiliza-se da tipologia composta por três formas de reconhecimento, construída por Honneth (1995), segundo a qual, na dimensão das relações primárias, a forma de reconhecimento refere-se às instâncias do amor e da amizade; nas relações legais, é identificada pelo direito, e na comunidade de valor, a forma de reconhecimento se dá pela solidariedade. Para cada uma dessas dimensões, corresponde também uma relação prática do indivíduo com o *self*, quais sejam a autoconfiança básica, o auto-respeito e a auto-estima, respectivamente.

Para Honneth (*apud* SILVA, 2000, p. 125), tais formas de relação só podem ser adquiridas e mantidas mediante o reconhecimento dos outros, que, por sua vez, também são reconhecidos pelo *self*. Nesse caso, tais formas de reconhecimento contêm potencial para o conflito, já que as lutas por reconhecimento, geralmente motivadas pelo desrespeito (como a exclusão, a negação de direitos, a depreciação e o insulto) são a própria negação de reconhecimento.

Fácil compreender a estreita relação, apontada por Honneth (*apud* SILVA, 2000, p. 126), entre as experiências emocionais negativas, geradas a partir de experiências de desrespeito, de violência, e o surgimento da crítica social e, portanto, à movimentação da sociedade civil. Na medida em que essas formas negativas de tratamento deixam de atingir indivíduos isoladamente e passam a refletir a experiência compartilhada de contingente maior de pessoas, emerge o potencial para a ação coletiva em prol do alargamento dos padrões de reconhecimento. Passa a ser, então, instrumentalização para os movimentos sociais.

Essa abordagem é destacada também por Jessé Souza (2000) no texto "A dimensão política do reconhecimento social", reforçada pela análise das formas de humilhação que acabam por gerar motivos de ação política. A questão central apontada pelo autor diz respeito a "como os grupos oprimidos no seu reconhecimento social logram estabelecer vínculos associativos e de solidariedade é outra questão central" (p. 181-182). Entende-se que tais reflexões podem ser relacionadas ao movimento das rádios comunitárias, que consiste numa iniciativa de luta em busca de um canal alternativo de expressão, a partir do qual a população não apenas terá acesso a informações que mais diretamente lhe interessam, como também poderá emitir mensagens e passar, então, a relatar sua própria realidade. E nesse sentido, contribuir para que seus ouvintes se reconheçam como sujeitos inseridos na comunidade.

Os meios de comunicação legitimam o que divulgam

A discussão sobre reconhecimento é enriquecida pela reflexão de López Vigil (2003) ao destacar a relevância do que é divulgado pela mídia. Mais ainda, ele aponta para o fato de que somente o que é mostrado pela mídia adquire ares de real e de existente. O autor recorre a Rosa Maria Alfaro para explicar que, mais do que retratar a realidade, os meios de comunicação a legitimam. Ele reforça que "o rádio legitima realidades, assuntos, personagens, atores, no âmbito público". Em sua visão,

> [...] aqueles que aparecem no rádio adquirem notoriedade, são conhecidos publicamente, são valorizados e reconhecidos como importantes. Deixam de ser indivíduos privados para se tornarem públicos, de pessoas convertem-se em atores sociais" (ALFARO *apud* VIGIL, 2003, p. 22).

Esse autor sugere novamente a busca de interseção entre as noções de reconhecimento, cidadania e reconfiguração da esfera pública pela mídia, sobretudo quando lembra que os meios de comunicação legitimam o que divulgam, já que as pessoas acreditam neles.

> Aparecer no rádio ou na televisão veste a pessoa com um uniforme mais chamativo que o dos cardeais e coronéis [...] Porque a tela e o microfone tornam a pessoa visível e audível diante de milhares, milhões de pessoas. (p. 21)

Ao tecer considerações sobre a programação da emissora radiofônica local, Vigil (2003, p. 448) enfatiza a importância da proximidade que a rádio estabelece com a comunidade:

> Na rádio local conhecemos e nos conhecem, mandam cumprimentos para nossa comadre e nos parabenizam pelo aniversário. [...] Na rádio das redondezas saem notícias das redondezas. Na rádio comunitária nos sentimos em comunidade, em família. Os locutores falam como nós falamos. E podemos falar de nosso jeito, por causa da intimidade.

Ao defender a amplificação da voz do povo como desafio para uma emissora com responsabilidade social, o radialista cubano (2003, p. 485) ressalta que "a palavra pública promove a auto-estima", na medida em que possibilita ao sujeito sentir-se empoderado. O autor entende que esse sujeito, quando usa seu direito de falar e de opinar livremente, constrói a sua cidadania.

Vigil oferece oportuno momento para corroborar o pensamento de Bourdieu (1994, p. 160), que enfatiza o peso (no sentido de relevância) da "linguagem autorizada", na medida em que, quando nos comunicamos, segundo ele, "não procuramos somente ser compreendidos, mas também ser obedecidos, acreditados, respeitados, reconhecidos". Para ele, "o discurso supõe um emissor legítimo, dirigindo-se a um destinatário legítimo, reconhecido e reconhecedor". Tal abordagem é também encontrada em Jessé Souza (2000, p. 164), segundo o qual

> [...] o sujeito deve ser visto como alguém que, precisamente através da aceitação por parte de outros sujeitos de suas capacidades e qualidades, sente-se reconhecido e conseqüentemente em comunhão com estes.

Hannah Arendt (1958, p. 67) trata dessas questões na década de 1950, e suas reflexões fornecem boas contribuições para essa discussão – e, como se vê, permanecem atuais – e chama a atenção para a necessidade que o indivíduo tem de ser visto e ouvido pelo outro, na medida em que viver uma vida privada corresponde a ser destituído de coisas importantes da vida. A autora ressalta que mesmo uma satisfatória vida familiar (privada) não pode oferecer o que o contexto público dispõe. Em sua percepção, a "subjetividade da privacidade pode prolongar-se e multiplicar-se na família; pode até tornar-se tão forte que o seu peso é sentido na esfera pública". Mas ela salienta que "esse 'mundo' familiar jamais pode substituir a realidade resultante da soma total de aspectos apresentados por um objeto a uma multidão de espectadores".

Observa-se que o reconhecimento desejado pelo sujeito ultrapassa o plano subjetivo e intersubjetivo, atingindo também, e, sobretudo, o plano social, o que lhe confere reconhecimento e legitimidade diante de seus pares. Assim, ele busca o reconhecimento como forma de conquistar a consideração, enquanto cidadão, perante o Estado, os poderes, os órgãos e as instituições públicas, o que o torna possuidor de direitos, já que é dotado de consciência política. Dito em outras palavras, agindo segundo esse modelo as rádios comunitárias parecem exibir o retrato das pessoas da comunidade, indo ao encontro do desejo e das demandas dessas. Tais emissoras dão-lhes visibilidade, garantem-lhes (emprestam-lhes) vestimentas de cidadania, de serem reconhecidas em suas comunidades.

Essa consciência é alargada, em grande medida, a partir das informações e mensagens divulgadas pelas emissoras comunitárias, dos debates proporcionados por tais rádios, que estão mais diretamente voltados para temas de seu interesse. Esses elementos também compõem a sua identidade. Assim, o processo de construção da cidadania é permeado pelo desejo e, ao mesmo tempo, pela exigência do reconhecimento do sujeito como detentor do direito, até, de ampliar os seus direitos, na medida das transformações das práticas sociais, da própria evolução do mundo.

Os novos movimentos sociais não buscam
representação, mas reconhecimento

A nova noção de cidadania não pode, na visão de Dagnino (1994, p. 109), se prender apenas à relação com o Estado, mas, ao contrário, deve focalizar a sociedade civil, já que "o processo de construção da cidadania enquanto afirmação e reconhecimento de direitos [...] é de transformação das práticas sociais enraizadas na sociedade como um todo". Tal conjunto de aprendizado social baseia-se justamente na dinâmica dos cidadãos enquanto sujeitos sociais ativos. Nesse sentido, a autora alerta para o que chama de "radicalidade de estratégica política":

> [...] supor que o reconhecimento formal de direitos pelo Estado encerra a luta pela cidadania é um equívoco que subestima tanto o espaço da sociedade civil como arena política, como o enraizamento do autoritarismo social. (p. 109)

Na mesma linha de raciocínio, Barbero (2006, p. 68) pontua que

> [...] o que os novos movimentos sociais e as minorias – as etnias e as raças, as mulheres, os jovens ou os homossexuais – demandam não é tanto ser representados, mas, sim, reconhecidos; fazerem-se visíveis socialmente em sua diferença. O que dá lugar a um modo novo de exercerem publicamente seus direitos.
>
> [...] O reconhecimento recíproco desenvolve-se especialmente no direito a ser visto e ouvido, que equivale ao de existir/contar socialmente, tanto no terreno individual quanto no coletivo, no das maiorias quanto no das minorias. Direito que nada tem a ver com o exibicionismo vedetista dos políticos em seu perverso afã de substituir sua capacidade perdida de representar o comum pela quantidade de tempo no vídeo.

Oportuno recorrer ao estudo de Maia (1999, p. 14-16), que mostra que, no processo de formação de identidade, as lutas por reconhecimento podem definir a disputa pelo auto-entendimento de grupos. Tal situação pode ocorrer quando grupos considerados como minorias – movimento feminista, de gays, lésbicas e pacifistas, por exemplo – e, portanto, sob condições sociais desiguais, lutam pelo reconhecimento social coletivo. Nesse contexto, a autora entende que "lutas por reconhecimento devem, normativamente falando, levar à mudança do auto-entendimento coletivo, de modo a acomodar aqueles que vêem a si mesmos excluídos dele" (p. 21).

Nessa linha de pensamento, a autora chama a atenção para a relação do indivíduo com os meios de comunicação e evidencia a pertinência de suas idéias com o tema central deste trabalho. Percebe-se também que o reconhecimento, proporcionado em grande medida pelos meios de comunicação e pelo qual anseiam as pessoas, é elemento fundamental na composição da identidade. Na medida em que esta é resultante das relações sociais e da leitura que dela fazem os próprios sujeitos, o reconhecimento social conquistado pelos atores vai interferir e passar a compor a sua identidade. Como cenário para essas relações, os meios de comunicação desempenham papel essencial.

De que forma se configura a esfera pública contemporânea diante de tantos e tão diversificados atores, demandas e dimensões? Que estudos balizam o movimento das rádios comunitárias e como podem ser caracterizadas as estratégias de busca de emancipação e visibilidade adotadas por tais atores? São questões pertinentes quando colocadas a uma sociedade ativa que renova suas formas de participação num contexto permeado por problemas seculares de desigualdades, que se transformam em centros geradores de exclusão social, econômica e cultural.

Em busca de analisar com maior detalhamento as questões acima destacadas, o capítulo 5 apresenta pesquisa de campo realizada nas comunidades onde se localizam as rádios Inter-FM e União, instaladas, respectivamente, nas comunidades rurais do município de Brumadinho, na Região Metropolitana de Belo Horizonte, e no Aglomerado Santa Lúcia, na capital mineira. Antes, porém, a título de contextualização, entende-se necessário situar a pesquisa num panorama social mais amplo e apresentar as características do movimento das rádios comunitárias no Brasil, no capítulo 4.

CAPÍTULO 4

O movimento das
rádios comunitárias no Brasil

A movimentação da população brasileira em favor da implantação e da legalização das rádios comunitárias é repleta de iniciativas que refletem desejo e necessidade de se expressar, o que talvez possa ser explicado pelo passado histórico da ditadura militar que despertou no povo reprimido o desejo de manifestar-se após longo período de imposição de silêncio. Como já se discutiu neste trabalho, à luz da discussão de importantes pesquisadores e estudiosos, a luta pela democratização da comunicação guarda inúmeras dificuldades e embates entre a sociedade civil organizada e empresários que, por seu lado, pressionam parlamentares a votarem leis claramente favoráveis ao oligopólio do setor.

O cenário é permeado por contradições e pela interpretação equivocada e tendenciosa da Constituição Federal, que proíbe aos parlamentares participarem de contrato ou exercerem cargos, funções ou quaisquer atividade remunerada em empresas concessionárias de serviço público. Logo eles... Embora não se possa afirmar com exatidão o número de parlamentares brasileiros que sejam donos de empresas de comunicação, o professor Venício Artur de Lima (2001, p. 108) afirma que em torno de 23% dos parlamentares eleitos para o Congresso Nacional, desde a Constituinte de 1988, têm vínculo com a mídia, representados por familiares ou amigos.

São inúmeros e de naturezas diversas os problemas e os desafios historicamente vivenciados atualmente pelas emissoras comunitárias brasileiras, a começar pelos embates com fiscais da Agência Nacional de Telecomunicações (ANATEL), vinculada ao Ministério das Comunicações, e agentes policiais, pressionados pela Associação Brasileira das Emissoras de rádio e Televisão (ABERT), essa última representada por suas filiadas estaduais. Constata-se que, embora não seja iniciativa nova e possua trilha ascendente desde as primeiras realizações, o movimento não tem ainda amplo conhecimento de suas limitações e potencialidades, visto que são escassos os arquivos documentais e pesquisas sistemáticas sobre o setor.

Estima-se que 90% das emissoras comunitárias da RMBH, universo empírico deste trabalho, funcionem no regime presidencialista,[1] o que significa dizer que as decisões são tomadas pelo presidente, ao contrário do que ocorre no sistema de colegiado, quando um grupo representativo da comunidade participa da tomada de decisões quanto à linha de trabalho a ser seguida, assim como da definição da programação veiculada. O presidente da Abraço-BH, João Reis, admite que esse não é o melhor modelo a ser seguido pelas emissoras comunitárias e entende que o próprio movimento está fragmentado, o que impede a unificação de modelo e de funcionamento. Ele esclarece que a entidade estadual já

---

[1] Informações transmitidas pelo presidente da Abraço-BH, João Reis, durante entrevista realizada em 24/07/05.

tentou unificar a estrutura de gestão, mas acredita que a falta de sucesso seja decorrente das dificuldades impostas pela legislação e pela "dura política de relacionamento do governo federal com o movimento das rádios comunitárias".

Embora as comunidades que abriguem emissoras comunitárias tenham suas particularidades, em função do dinamismo das relações sociais, assim como das condições socioeconômicas e culturais locais, de modo geral verificam-se características semelhantes entre elas. Constata-se, por exemplo, experiências múltiplas entre as emissoras comunitárias da RMHB, cuja temática geralmente inclui assuntos associativos, cristãos, educacionais e de utilidade pública, numa tentativa de despertar o interesse de diferentes perfis das comunidades. São comuns também a precariedade de equipamentos e instalações e a reprodução de modelos das emissoras comerciais, além da falta de recursos financeiros, técnicos e humanos. Esse quadro dificulta a identificação do nível de interação entre as emissoras comunitárias e os moradores das localidades.

Oportuno mencionar que as dificuldades que rondam o movimento das rádios comunitárias brasileiras guardam semelhanças com o de outros países da América Latina, região conhecida por suas ricas experiências na área. Além das estratégias utilizadas para se colocar uma emissora no ar e implantar o modelo comunitário de rádio, são comuns também o fato das legislações serem bastante antigas (algumas datam de 30, 40 anos) e não contemplarem a realidade sociocultural da sociedade atual e o nível do desenvolvimento tecnológico.

Funcionamento e estrutura: desafios constroem a rotina

Mesmo nas emissoras autorizadas a funcionar os desafios são grandes e exigem o apoio de uma rede de solidariedade para superar as dificuldades no dia-a-dia. Em sua grande maioria constituídas por comunidades que dispõem de poucos recursos financeiros, humanos, técnicos e materiais (a minoria é criada por órgãos e entidades que lhes garantem médio nível de infra-estrutura), essas rádios são geralmente instaladas em minúsculos cômodos cedidos pela comunidade, quando não ocupam pequeno espaço numa casa de família das vilas onde estão instaladas.

De forma geral, tais emissoras sobrevivem do voluntariado da própria comunidade, (pessoas que cedem horas diárias no revezamento do microfone e na mesa de som após terminarem suas rotinas de trabalho assalariado), ou da colaboração de universitários que praticam ali seus cursos de extensão. Em alguns casos, um ou outro apresentador recebe percentual do apoio cultural que divulgam em seus programas. Mas já se constata a existência de agentes radiofônicos com salário fixo em determinadas emissoras comunitárias.

A falta de capacitação da maioria dos locutores e apresentadores não é vista por pesquisadores, a exemplo de Cicília Peruzzo (2003), como fator impeditivo para a realização do trabalho nas rádios comunitárias. A autora aponta como importante característica da mídia comunitária a utilização de pessoas da própria comunidade como protagonistas. Nesse tipo de mídia, a identificação e a proximidade com a comunidade são de grande auxílio, pois "quem produz (cria, fala, redige, edita, transmite, etc.) as mensagens não é necessariamente um especialista [...], mas o cidadão comum" (p. 57).

A programação é variada e normalmente oferece conteúdo para as diferentes faixas etárias dos componentes da família, que acabam se tornando ouvintes fiéis. Temas como cuidados com a saúde, religião, proteção/direito do cidadão/consumidor, futebol e conscientização contra os perigos das drogas são os mais freqüentes. Reconhece-se que algumas emissoras comunitárias reproduzem o modelo de emissoras comerciais no que se relaciona com conteúdo musical, que se estende por horas seguidas, intercalado com rápidas inserções para recados e diálogos comunitários.

Em muitos casos, os próprios coordenadores das rádios admitem essa prática para não perderem a audiência para as emissoras comerciais, sendo obrigados, portanto, a mesclar a programação que, de acordo com o projeto inicial da emissora, deveria focalizar questões voltadas para o desenvolvimento socioeconômico e cultural da sociedade. Oportuno ressaltar ainda que entre as dificuldades vivenciadas pelas emissoras comunitárias encontram-se também situações advindas da utilização do rótulo de comunitário para denominar práticas que, na verdade, não têm esse sentido, conforme ressaltado por Peruzzo (2003, p. 245).

> Alguns princípios são fundamentais para a consecução de uma comunicação comunitária. Não basta que ela seja de baixo alcance e que se destine a pequenas localidades para ser considerada como tal.

Os princípios a que a autora (2003) se refere são: prioridade de divulgação de temas diretamente ligados à comunidade, abrir a rádio para a participação direta de pessoas da própria localidade, tanto na gestão da mídia quanto na produção das mensagens; ter por objetivo central contribuir para o desenvolvimento comunitário, não visar finalidades de lucro financeiro. Além desses, ela cita ainda, entre outros

> Os conteúdos dizem respeito às necessidades, problemáticas, artes, cultura e outros temas de interesse local, como, por exemplo, notícias sobre as atividades de grupos populares organizados, esclarecimentos visando afastar crianças do tráfico de drogas (p. 57-58).

Nas rádios mais comprometidas com os problemas que envolvem a rotina da comunidade e que localizam-se em regiões onde existem o tráfico de drogas e a ação de grupos violentos, são criadas estratégias para que determinadas informações cheguem às emissoras sem colocar em perigo os seus informantes. É bastante comum, por exemplo, pessoas que têm interesse em enviar informação ou mesmo denúncia à rádio, mas que não desejam ser identificadas, deixarem bilhetes em determinados lugares previamente combinados com agentes das rádios.[2]

Já a participação da comunidade na gestão das rádios não é prática comum. A exigência da participação direta da comunidade na gestão da rádio, na percepção de Valdir de Castro Oliveira,[3] reflete a necessidade de se ter um novo olhar sobre a questão e passar a abordá-la sem a visão heróica de tais emissoras como modelo de poder horizontalizado. Ele acredita ser necessário analisar o setor com base na realidade atual e não a partir do modelo teórico definido pela academia e pelo próprio movimento das rádios comunitárias.

O jornalista questiona a exigência da horizontalidade prometida pela ideologia das rádios comerciais, ao indagar:

> [...] o comunitário como se prega é possível? Será que as rádios comunitárias não são também um espaço de autoritarismo e de hegemonia? É preciso abandonar esta visão heróica e descobrir o que realmente são hoje as rádios comunitárias. Elas trabalham com o desejo de como deve ser uma rádio, mas na prática do dia-a-dia não é assim.

Oliveira[4] considera importante e válido o discurso das pessoas que lutam pela consolidação das rádios comunitárias como canal de expressão da população menos favorecida, já

---

[2]   Essa era uma estratégia adotada pelos ouvintes da Rádio União (outra emissora estudada por esta pesquisa), localizada na comunidade do Aglomerado da Serra, na região Centro-Sul de Belo Horizonte. Mas em razão de agressões físicas contra um locutor que transmitiu informações que desagradaram a grupos violentos da favela, hoje a emissora não mais aborda diretamente o tráfico de drogas, optando por realizar campanhas preventivas e de conscientização contra esse problema.

[3]   Informações transmitidas em entrevista concedida à autora, por telefone, em 17/07/05.

[4]   Valdir Oliveira é coordenador do Programa de Capacitação e Melhoria das Rádios Comunitárias da Região Metropolitana de Belo Horizonte, vinculado à Universidade Federal de Minas Gerais (UFMG).

que elas fazem parte do movimento. Por essa razão, ele entende que o discurso deve ser relativizado e chama a atenção de pesquisadores e estudiosos para a necessidade de um olhar mais realista sobre a situação. "A academia deve refletir sobre isso sem a visão do caráter heróico dessas emissoras". Uma das principais críticas do especialista relaciona-se à gestão das rádios comunitárias que, em sua opinião, não tem, necessariamente, que ser participativa. Na mesma entrevista concedida em 17/05/2005 ele enfatiza que, na correria do dia-a-dia

> [...] não é possível discutir tantas questões administrativas para se tomar decisões. É preciso ter alguém que se responsabilize pela administração. Se o socialismo prometido não mais existe, muitas vezes, não é por malandragem. Outras questões devem ser analisadas, como, por exemplo, a programação, que deve estar voltada para os interesses da população.

Mas o autor do livro Manual urgente para radialistas apaixonados, José Ignacio López Vigil (2003, p. 455) destaca que "a participação do público não se limita às ligações telefônicas, às cartas ou às visitas à emissora. [...] Não basta que as ruas entrem no rádio. É preciso, e cada vez mais, que o rádio saia às ruas". Ele (2003) chama a atenção ainda para a diferença existente entre "participação" e "interação", ao explicar que a interatividade é conceito mais amplo e consiste, inclusive, até mesmo em participar da definição da programação.

> Trata-se de fazer rádio juntos, emissores e receptores. Aproveitar as boas iniciativas do público... Para responder a este nível mais exigente de participação, assim como existem Defensores do Povo em questões sociais, muitas emissoras estão estabelecendo a Ouvidoria do Ouvinte. (p. 457)

Esse serviço prestado por algumas emissoras comunitárias tem por objetivo, como o próprio nome anuncia, proteger o ouvinte e, segundo o autor cubano (2003, p. 458), ele atua no controle de qualidade do que é oferecido pela rádio, garantindo não só a ética na atividade, como também "a seriedade jornalística dos espaços informativos".

Legislação restringe crescimento, reclama a comunidade

A legislação que rege o serviço de radiodifusão comunitária no Brasil é o principal foco de reclamação do movimento que defende a legalização das emissoras comunitárias, que a considera restritiva, na medida em que delimita o espaço físico de transmissão de tais emissoras, por se inspirar numa concepção geográfica de comunidade. Em outras palavras, a legislação restringe a comunidade a um espaço físico, impossibilitando a divulgação e a recepção de diferentes vozes e interesses nas emissoras. Questiona-se se a delimitação não visa exatamente impedir o intercâmbio de experiências e valores e a pluralização de vozes entre a população das comunidades.

Se governo e empresários da comunicação formam *lobbies* nas esferas legislativa e executiva para impedir seu funcionamento, as emissoras, também organizadas, reclamam da legislação que regulamenta o serviço de radiodifusão comunitária, pelas limitações e restrições quanto à permissão de canais de transmissão, funcionamento e alcance. As rádios comunitárias reivindicam outro tipo de tratamento e argumentam que não são piratas, na medida em que não visam o lucro financeiro, mas a divulgação de temas de interesse da comunidade, assim como dar espaço à população marginalizada pelos veículos comerciais.

A alcunha de pirata e a condição de ilegal por vezes existem em decorrência da burocracia e lentidão do Ministério das Comunicações (Minc) para analisar os inúmeros pedidos para autorização de funcionamento dessas emissoras. As pesquisas feitas ao site do Minc mostram a crescente quantidade de solicitações de autorização, o que comprova também o interesse das comunidades em implantar a sua rádio e ampliar o canal de comunicação coletiva.

O delegado Armando Coelho Neto (2002, p. 68) acredita que as rádios comunitárias tenham sido criadas para ocupar as "lacunas deixadas pelas emissoras de médio e grande porte que, em geral, não se prestam a servir as pequenas comunidades, como as do interior ou de bairros de grandes cidades". Ele entende que tais emissoras estão voltadas para um público mais amplo e diversificado que não é atendido por veículos da grande imprensa, já que esses "não mergulham nas especificidades dos pequenos conglomerados, mas cujas ilhas, quando somadas, representam um universo considerável".

Coelho Neto (2002) argumenta que exatamente por ter uma programação voltada para os interesses da própria comunidade, essas emissoras correspondem

> [...] a uma modalidade de transmissão radiofônica diferente, própria de uma nova era, à qual o Direito precisa se adaptar. Assim, não há como se confundir com as grandes emissoras, até porque seu público, diferenciado por si, a qualifica e lhe dá ares próprios. (p. 68)

Ao chamar a atenção para o fato de que a repressão policial não deu conta de impedir o crescimento e a proliferação das rádios comunitárias, dado o apoio popular – é bastante comum as próprias comunidades socorrerem as equipes das emissoras invadidas por fiscais e policiais e numa rapidez surpreendente reabrirem as emissoras –, ele (2002, p. 26) questiona se "pode uma ordem jurídica punir uma conduta que a sociedade não reprova nem condena".

Mas, na concepção de Cicília Peruzzo (1999b, p. 415), o verdadeiro motivo da não aceitação das emissoras comunitárias é o receio de que a disseminação do veículo desvie as verbas publicitárias, que são, até o momento, direcionadas para as rádios comerciais, embora a própria autora lembre que o volume dessas verbas não seja representativo na receita das grandes rádios. Há ainda outra razão (relacionada principalmente ao potencial político de tais emissoras) que ameaça os poderes constituídos, já que gozam de elevados índices de audiência e aceitação pelas comunidades locais: o elevado índice de audiência não garante, por si só, a ameaça aos poderes constitutivos, mas o conteúdo da programação é que poderá ameaçá-los:

> [...] elas subvertem o poder exercido pela oligarquia local ou desmascaram seu caráter antipopular. O grande perigo das rádios comunitárias está na cidadania que ela faz despertar no ouvinte, ao promover a troca de papéis: de ouvinte, o cidadão passa a falante, e os mandões locais, de falantes, a ouvintes. É insuportável aos membros do Poder Judiciário, por exemplo, ouvir depoimento de trinta ou cinqüenta queixosos, de que as filas à porta dos tribunais de pequenas causas não avançam. (MANZANO, *apud* PERUZZO, 1999b, p. 415)

O caráter restritivo da legislação que rege o setor das rádios comunitárias, já que considera a área de atuação limitada a um curto espaço físico, é também criticado por Valdir Oliveira,[5] segundo o qual

> [...] a comunidade não pode ser concebida apenas como espaço geográfico, e sim como instância de compartilhamento de experiências, valores, crenças, identidades grupais e coletivas, devendo abrigar diferentes tipos de interesses.

Em sua concepção, comunidade não significa homogeneidade, na medida em que "compõe-se de diversas pequenas comunidades e grupos que possuem diferentes interesses, opiniões e interpretações de mundo (2001).

Já o juiz Paulo Fernando Silveira (2001, p. 166 167) defende a legitimidade das emissoras comunitárias como veículo facilitador do direito à informação – de informar e ser informado – e aponta a inconstitucionalidade das lacrações e

---

[5] Entrevista concedida à autora em set. 2003.

apreensões realizadas pela Agência Nacional de Telecomunicações (Anatel) e a Polícia Federal. Segundo ele, a Lei n. 9.472/97 ao revogar a Lei n. 4.117/62, excepcionou a matéria penal e os preceitos relativos à radiodifusão, evidentemente nele especificamente não contemplados, já que também incursionou legislativamente nessa área.

Tal raciocínio o leva a interpretar que o serviço de radiodifusão, de modo geral, não é abrangido pelo novo Código Brasileiro de Telecomunicações. No entendimento do jurista,

> [...] as rádios comunitárias, em particular, têm legislação própria, que é a Lei n. 9.612/98. [...] A lei não fez remissão ou ressalva a dispositivo algum do antigo Código de Telecomunicação. Logo, as rádios comunitárias a ele não se sujeitam.

Silveira (2001, p. 56) destaca a relevância do papel da imprensa para a divulgação das notícias e propagação das idéias na formação do perfil da comunidade e ressalta a dimensão política da imprensa e evidencia que

> [...] se a mídia não for livre da ação governamental, transforma-se, necessariamente, em instrumento de dominação dos mais terríveis, pela adulação para obter os favores dos que estão no poder, em forma de novas concessões [...] para se fechar o círculo da tirania, elitizado e centralizado, do qual o povo, mantido na ignorância pela falta de informação, ou por deturpadas notícias, além de pressionado pelo governo centralizador, não encontra meios de escapar. (2001, p. 56)

Os governos FHC e Lula: a legislação nos anos 1990 e 2000

A razão de este trabalho delimitar o período de análise do movimento das rádios comunitárias aos últimos governos deve-se ao fato de que a regulamentação de tais emissoras

(Lei 9.612/98) teve início no primeiro mandato do presidente Fernando Henrique Cardoso que, com a reeleição, governou o país de 1995 a 2001. De lá pra cá inúmeros fatos garantiram fôlego ao embate entre o movimento pela consolidação e pela legalização das rádios comunitárias e os oligopólios representantes das emissoras comerciais. Foi também o Governo FHC que criou a Agência Nacional das Telecomunicações (ANATEL) que, segundo o jornalista Dioclécio Luz no artigo "As rádios comunitárias devem morrer", por objetivar atender ao mercado e, ao mesmo tempo, ser órgão público federal, "tem esse formato transgênico: por fora, em suas ações, é mercado; por dentro, é sustentada com recursos públicos".

Este trabalho está atento ao cuidado necessário para se fazer análise comparativa entre as políticas de radiodifusão dos governos de Fernando Henrique Cardoso e de Lula, em razão do jogo de forças existentes em cada gestão, além da própria dinâmica da sociedade, alimentada pela ação dos diferentes atores sociais. Antes mesmo de a lei entrar em vigor, a sociedade já discutia o assunto. No artigo "Rádio comunitária: na rabeira do mundo", o jornalista Nivaldo Manzano comenta que o projeto de lei que regulamenta o Serviço Nacional de Radiodifusão Comunitária tramitava na Câmara dos Deputados há um ano e meio.

Mas ele via o fato de a matéria já estar na pauta de discussões da casa como uma

> [...] meia vitória de uma dezena de ONGs, inconformadas em ver que o governo brasileiro, no limiar do século XXI, ainda mantém pelo menos 70% dos municípios privados de qualquer serviço local de radiodifusão, comunitária ou privada.

A matéria de Manzano mostra ainda que, mesmo naquele início de planos para regulamentar o serviço de radiofreqüência comunitária, os proprietários de emissoras comerciais pressionavam o governo.

A essa questão soma-se a polêmica existente em torno das concessões de emissoras de rádio e TV pelos sucessivos governos brasileiros, tema alimentado pela grande mídia, já que essas se tornam instrumentos de poder e de troca de favores e interesses entre governos e iniciativa privada. No entanto, por razões óbvias, quando a polêmica gira em torno da concessão de rádios comunitárias, a grande mídia, vinculada aos oligopólios do setor das comunicações, tem posicionamento crítico e até mesmo contrário.

São permeadas por controversas e alvo de críticas muitas ações e medidas tomadas pelos ocupantes da Presidência da República, a começar pela definição dos ministros das Comunicações, já que a escolha é forte indicativo das intenções do governo federal para o setor. Entre as várias medidas polêmicas do Governo Fernando Henrique Cardoso merece destaque a inclusão da concessão de cerca de 1000 rádios comunitárias no Projeto Alvorada[6], em 2001, que teve por objetivo reduzir as desigualdades regionais a partir da melhoria das condições de vida de áreas mais pobres do Brasil. A iniciativa foi muito criticada pelo movimento em defesa das rádios comunitárias, que percebeu na medida uma estratégia oportunista e eleitoreira do governo que pretendia, na verdade, abrir mais canais para divulgação de suas realizações.

Excesso de concessão de emissoras de rádio e TV a aliados políticos

A gestão do presidente Fernando Henrique Cardoso foi marcada também pelo excesso de concessões de emissoras educativas de rádio e TV a aliados políticos, chegando a autorizar, em sete anos e meio de governo, 357 concessões sem licitação, além de 539 emissoras comerciais vendidas por licitação (LOBATO, 2002, p. A-6). Seu governo não reservou a

---

[6] Ver site <http://portal.mec.gov.br/seb>. Acesso em: 1º out. 2005.

mesma sensibilidade às necessidades do movimento em prol das rádios comunitárias. Em artigo intitulado "O medo nas rádios comunitárias",[7] o jornalista Dioclécio Luz[8] destaca que, embora tenha afirmado que faria revisão nas autorizações de rádios comunitárias na gestão de Fernando Henrique Cardoso, o ex-ministro das Comunicações, Miro Teixeira não a realizou. Luz estima que "90% das autorizações para funcionamento de rádios comunitárias do Governo Fernando Henrique Cardoso fogem ao caráter de comunitária".

Após várias consultas a sites do Ministério das Comunicações, do governo federal, de partidos políticos, parlamentares e entidades correlacionadas aos movimentos sociais, entre outros, não foi possível obter números oficiais das concessões e dos fechamentos de rádios comunitárias realizadas nos governos da última década. Como se perceberá, os números aqui destacados são citados pelos autores e pelos ativistas entrevistados, como aqueles apontados no relatório do Grupo de Trabalho Interministerial (GTI).

Os dois mandatos do governo federal capitaneado pelo PT, partido que teve sua origem nos movimentos sociais, são também alvo de críticas. As expectativas de significativo contingente da população brasileira, que ansiava por um governo popular, são agora mescladas com a decepção dos sonhos pela democratização da comunicação, a exemplo do movimento que busca a legalização das rádios comunitárias.

A opção por indicar parlamentares para dirigir o Ministério das Comunicações, e não técnicos especializados na área, é motivo de questionamento e levanta dúvida se tal preferência sinaliza que a pasta foi utilizada mais para ampliar a participação de partidos da base aliada do governo

---

[7] Publicada no Portal Popular. Disponível em: <www.portalpopular. org.br/mb/sociedade/rnb-01.htm>. Acesso em: 22 out. 2005.

[8] Membro do Conselho de Acompanhamento da Mídia da CDH da Câmara dos Deputados

e menos para resolver questões de comunicação de interesse da sociedade, como expresso pelo professor Adilson Cabral, coordenador do Informativo Eletrônico Sete Pontos.[9] A nomeação de três ministros suscita temores, já que cada um deles tem discursos e propostas diferentes, o que não contribui para a continuidade na execução de projetos para o setor. Já passaram pelo Ministério das Comunicações do governo de Luís Inácio Lula da Silva os deputados Eunício de Oliveira e Miro Teixeira antes do senador Hélio Costa. Este último, por sua vez, desperta a preocupação do movimento das rádios comunitárias devido à sua ligação com grupos empresariais da mídia.

Pressionado pelas reivindicações populares, o atual governo federal por duas vezes criou grupos de trabalho para discutir alterações do setor, embora nenhuma das iniciativas tenha assegurado os resultados esperados pelos agentes e representantes comunitários. O primeiro GT funcionou entre 2 de abril e 2 de julho de 2003, durante a gestão de Miro Teixeira no Ministério das Comunicações, e teve como uma das principais críticas o fato de que sua equipe foi composta também por representantes da Associação Brasileira de Emissoras de Rádio e TV (ABERT), entidade que luta contra os interesses do movimento das rádios comunitárias. Na avaliação de Dioclécio Luz,[10] o "GT transgênico criado por Miro Teixeira, [...] conseguiu a proeza de elaborar um decreto pior do que o original".

Numa segunda tentativa de adaptar a legislação às demandas populares, o governo federal implantou, em fevereiro de 2005 (suas atividades encerraram-se em 10.08.2005), o Grupo de Trabalho Interministerial (GTI) com a incumbência de "analisar a situação da radiodifusão comunitária no País e propor medidas para a disseminação das rádios comunitárias",

---

além de agilizar os procedimentos de outorga e aperfeiçoar a fiscalização do sistema.[11] O GTI levou em consideração as sugestões de entidades da sociedade civil, entre elas a ABERT e a ABRAÇO, assim como de membros dos poderes Executivo, Legislativo e Judiciário com vistas à construção de uma nova política pública para a radiodifusão comunitária.

O relatório do GTI já foi entregue ao ministro das Comunicações, que o segurou e o engavetou. O próprio movimento das rádios comunitárias, encaminhou e protocolou o documento no Palácio do Planalto no dia 24 de janeiro de 2006. Entre outras recomendações, o relatório do GTI destaca a alteração da Lei nº 9.612/98 visando simplificar e agilizar o processo de autorização para o serviço e ainda possibilitar: publicidade, proteção, inclusão de minorias, aumento da oferta de canais e execução do serviço de radiodifusão comunitária de sons e imagens; anistia aos radiodifusores comunitários cujas emissoras estejam em consonância com a Lei nº 9612/98.

Dossiê denuncia violência

O documento recomenda o

> [...] incentivo à produção de conteúdo por meio da atuação dos Ministérios da Educação e da Cultura das emissoras de radiodifusão comunitária, financiar projetos relacionados à disseminação e sustentabilidade de emissoras de radiodifusão comunitária por meio da criação de fundo governamental.

Sugere ainda a permissão à formação de redes pelas emissoras radiofônicas comunitárias e recomenda a realização da I Conferência Nacional de Radiodifusão Comunitária, como forma de reunir o setor, conhecer a realidade e discutir a situação das rádios comunitárias no Brasil (RADIODIFUSÃO, 2005, p. 20-23).

---

[11] Finalidades definidas segundo o Decreto Presidencial de 26/11/2004, publicado no DOU de 29/11/2004.

O dossiê, elaborado por entidades[12] que lutam pela legalização das rádios comunitárias, denuncia a violência do Governo Lula contra as emissoras comunitárias. De acordo com o movimento, o governo do PT fechou mais de 4.000 emissoras radiofônicas comunitárias em 2004, "praticamente o dobro das que foram fechadas em todo o Governo FHC". Afirma o documento que, além do fechamento e da apreensão de equipamentos, as ações da ANATEL e dos agentes da Polícia Federal se dão de forma violenta. O documento reconhece que

> [...] é lamentável [...] que a diferença entre o governo neoliberal de Fernando Henrique Cardoso e o governo 'popular' de Lula foi o aumento da eficiência na repressão e clara estigmatização dos que fazem o movimento das rádios livres ou comunitárias. (2005, p. 3)

Os defensores da legalização dessas emissoras elaboraram a "Carta aberta das rádios comunitárias aos três poderes da República", em que cobram o fim da repressão às emissoras, a devolução de equipamentos apreendidos e mudanças na legislação. Intitulado Querem calar a voz do povo – II / A violência contra as rádios comunitárias no Brasil, o documento traz o quadro da repressão, com informações obtidas pela deputada Iara Bernardi (PT-SP).

O ponto de vista das entidades ligadas ao setor

Percebe-se que as considerações de representantes do movimento pela legalização das rádios comunitárias oscilam entre decepção e revolta pela política de radiodifusão do

---

[12] Entre as quais a Associação Brasileira de Radiodifusão Comunitária (ABRAÇO), Associação Mundial de Radiodifusão Comunitária (AMARC), Federação das Rádios Comunitárias do Rio de Janeiro (FARC), Conselho Regional de Radiodifusão Comunitária (CONRAD) e Sindicato dos Jornalistas do Distrito Federal e do Rio Grande do Sul.

Governo Lula e a tentativa de compreender a posição do Executivo diante da pressão dos parlamentares, que representam o interesse dos empresários da comunicação no Brasil. Mesmo divididos entre a decepção e a esperança, os representantes das rádios comunitárias traçam estratégias de legitimação e engrossam as fileiras de outras iniciativas organizadas da sociedade civil para protestar e reivindicar o atendimento às suas demandas. Uma das iniciativas de se legitimar junto à sociedade foi a 1.ª Marcha Radiofônica, realizada em conjunto com outros segmentos da sociedade nos dias 15 e 16 de agosto de 2005, em Brasília. Na visão de Valdir de Castro Oliveira,[13] essa situação ocorre pelo fato de que os integrantes do movimento, apesar de simpáticos ao Lula, "sabem que, se não pressionarem, não jogarem duro, este governo não vai fazer nada. Todo governo, no início se acomoda na ordem de poder".

Análise semelhante é feita por Clementino dos Santos Lopes,[14] que enfatiza que a grande esperança dos movimentos sociais no Governo Lula está se acabando.

> O Governo Lula está de joelhos para o monopólio das comunicações. Não tem outra explicação. [...] No Ministério das Comunicações não há um só office-boy comprometido com uma nova política, um novo modelo de comunicação. [...] Eu estou ainda entre os que têm um fio de esperança no comprometimento do Lula. Ele é o presidente, tem a caneta nas mãos.

O relatório do grupo Intervozes, "Direito à comunicação no Brasil" (2005, p. 45, 46), ressalta o caráter repressor da Lei 9.612 e chama a atenção para o fato de ela ser "comprometida com a manutenção da hegemonia do sistema comercial na radiodifusão brasileira". O documento destaca ainda

---

[13] Entrevista concedida à autora em 10 out. 2005, em Belo Horizonte.

[14] Um dos coordenadores da ABRAÇO Nacional, em entrevista à autora em 29/10/2005, durante a realização do Fórum Nacional pela Democratização da Comunicação, em Belo Horizonte.

que o quadro de dificuldades vivenciado pela radiodifusão comunitária brasileira é agravado pela "fragmentação das organizações que atuam neste campo", ocasionada por desentendimentos políticos no interior do movimento. No último ano as diferentes frentes retomaram o diálogo, em virtude da possibilidade de realização, pelo governo federal, da Conferência Nacional de Radiodifusão Comunitária.

Movimento está difuso e deve se abrir ao diálogo

O coordenador do Programa de Apoio, Capacitação e Melhoria das Rádios Comunitárias da Região Metropolitana de Belo Horizonte, Valdir de Castro Oliveira, constata que apesar de o candidato Lula ter se comprometido a mudar a legislação do setor, ele "não fez nenhum esforço plausível para alterar a situação. [...] O governo poderia ter aberto a discussão sobre a questão do monopólio da mídia no Brasil, a democratização da mídia".[15]

Na visão de Oliveira, o movimento pela democratização da radiodifusão comunitária abriga organizações que ainda se encontram difusas na sociedade brasileira e que necessitam ter diálogo e posturas unificadas. O pesquisador entende que a própria vitória de Lula significou o desmantelamento do movimento, que vinha se fortalecendo. Com a mudança de cenário, muitos dos atores que defendiam a radicalidade da mídia hoje viraram governo. Nas palavras de Oliveira:

> Como eles não tinham análise consistente a respeito do que era antes, eles entraram e ficaram patinando, porque sua análise era ideológica. Defendiam por defender, por uma questão de ideologia. Agora atacam também por uma questão de ideologia. Ou seja, continua-se sem buscar entender um fenômeno tão relevante como o caso da radiodifusão comunitária, que é questão fundamental para a democracia brasileira.[16]

---

[15] Entrevista concedida à autora em 10/10/2005.
[16] Entrevista concedida à autora em 10/10/2005.

Mas nessa dinâmica, ao mesmo tempo em que busca legitimidade e visibilidade para sua causa, o movimento dá alguns sinais de que está atento às questões internas. Isso pode ser constatado ao se acompanhar a troca de mensagens, via internet, entre os ativistas que lutam pela democracia nas comunicações. Em mensagem enviada a colegas defensores das rádios comunitárias, no dia 10/11/2005, via grupo de discussão virtual do movimento, José Luiz do Nascimento Sóter reclama que falta ao movimento uma identidade para que este se apresente à sociedade e ao poder público. Ele defende a manutenção dos parâmetros pioneiros da ABRAÇO, "representando uma radiodifusão de inclusão, pluralista, horizontalizada, de gestão pública e sem fins lucrativos".

Na visão do jornalista Dioclécio Luz,[17] também defensor da legalização das rádios comunitárias, o Governo Lula fez opção por "ficar ao lado dos coronéis da comunicação. Infelizmente, ao tomar esse partido, Lula enterra sua história. Pior, enterra a esperança dos que acreditavam que finalmente poderiam falar. [...] O medo venceu a esperança". Luz entende que o Governo Lula tenta "matar" as rádios comunitárias, na medida em que as ações e omissões do Executivo sinalizam a intenção de impedir a operação de tais emissoras.

O secretário geral do Fórum Nacional pela Democratização da Comunicação (FNDC), José Guilherme Castro entende que a conjuntura política que cerca o governo petista não é favorável a algumas propostas do próprio Partido dos Trabalhadores. Ele entende que os movimentos sociais tradicionais, como o sindical, por exemplo, não estão envolvidos com a questão das rádios comunitárias e, por isso, falta-lhes a vivência e maior compreensão da questão.

Para Guilherme Castro, a área da comunicação no Brasil parece ser intocável. "Esse sistema de comunicação no Brasil é o que mantém o *status quo*, ninguém quer mexer com isso.

---

[17] Artigo "Medo nas rádios comunitárias". *Revista Nação Brasil* nº 142. Acesso em 22 out. 2005.

> [...] Nem o próprio Lula. O Lula é mais fraco do que
> as forças econômicas deste país, onde o sistema de
> comunicação sustenta tudo. Ele está mexendo menos
> do que a gente achava [...].[18]

A quem serve a Lei nº. 9.612?

Publicada no Diário Oficial da União em 19 de fevereiro de 1998, no início da gestão do ministro Sérgio Motta, a Lei nº. 9.612 é motivo de polêmica entre os próprios representantes do movimento das rádios comunitárias. Alguns questionam se a legislação veio atender às demandas de um crescente contingente populacional que necessita e busca informação mais diretamente relacionada ao seu cotidiano de vida, se contribuiu para legalizar as emissoras alternativas já existentes ou se, na verdade, ela serve mais aos interesses pecuniários e corporativos dos conglomerados de comunicação. A radialista Mara Régia[19] vê a regulamentação do setor como "um grande vacilo" do movimento, na medida em que trouxe restrições à existência e ao desenvolvimento das rádios. Para ela, antes da legislação, as emissoras comunitárias tinham mais liberdade para trabalhar, já que não havia regulamentação para limitar sua atuação.

Um dos coordenadores da ABRAÇO nacional, Clementino dos Santos Lopes, também representante da associação gaúcha, afirma ter, às vezes, dúvida quanto aos benefícios proporcionados às rádios comunitárias pela lei específica. Mas, no âmbito do Judiciário, ele acredita que a 9.612 "serviu para alguma coisa". Lopes explica que, após um trabalho de convencimento realizado pelo movimento das rádios comunitárias junto aos membros dessa instância da Justiça,

---

[18] Entrevista concedida à autora em 12/07/2005.

[19] Programa Canal Saúde, exibido em julho/2004 (gravado em fita VHS/ Fundação Oswaldo Cruz).

> [...] hoje há jurisprudência quase unânime que operar rádio comunitária, mesmo sem outorga, não é crime, desde que ela cumpra função social. A lei até serviu para embates no Judiciário.[20]

A questão é também analisada por Cristiano Aguiar Lopes, na dissertação de mestrado *Política pública de radiodifusão comunitária no Brasil – exclusão como estratégia de contrarreforma* O autor (2005, p. 10) questiona se a Lei nº 9.612/98 conseguiu, de fato, estabelecer um serviço

> [...] demandado por parte significativa da sociedade ou, numa análise mais cuidadosa, representou uma estratégia para deter uma mobilização que ameaçava interesses políticos, corporativos e econômicos amparados pela política brasileira das comunicações.

Os dez anos da Lei nº 9.612

Embora não componha o aspecto central da pesquisa realizada nas duas comunidades estudadas, este livro não poderia deixar de fazer referência aos dez anos da Lei nº 9.612, de 12 de fevereiro de 1998, que regulamenta o serviço de rádio comunitária. A data foi lembrada em todo o País por defensores das emissoras comunitárias, embora as manifestações não tenham tido exatamente ares de comemoração, mas de protesto e reivindicações para atualizar a legislação, que limita o raio de alcance desse tipo de rádio e dificulta a circulação de notícias e informações de interesse da grande parcela da população brasileira.

De maneira geral, as manifestações protestaram contra a concentração dos meios de comunicação no Brasil nas mãos de parlamentares e grandes grupos empresariais, contra o fechamento de emissoras e a apreensão de equipamentos.

---

[20] Entrevista concedida durante o Fórum Nacional pela Democratização da Comunicação, realizado em Belo Horizonte, entre 28 e 30 out. 2005.

As críticas denunciaram a postura do governo federal, que apenas ensaiou medidas de apoio ao movimento pela democratização da produção da comunicação, e também a morosidade do Ministério das Comunicações para autorizar o funcionamento de novas emissoras.

A pesquisadora Cicília Peruzzo ressalta que não viu, nos últimos dez anos, nenhum avanço no movimento das rádios comunitárias no Brasil, exceto a força da determinação dos militantes da área, "que não perdem de vista o projeto de apoiarem as comunidades a criarem seus próprios meios de comunicação. De resto, as reivindicações do movimento continuam não sendo atendidas". Ela lembra que em 2007 a polícia de São Paulo realizou rigoroso fechamento de rádios naquele estado, numa tentativa de "impedir a circulação de informações de interesse da ampla maioria dos brasileiros".[21]

Além do lacre às emissoras e da apreensão de equipamentos, práticas permitidas pela legislação atual, Sérgio Gomes, do Escritório Paulista da Associação Mundial das Rádios Comunitários, acrescenta a burocracia para abertura de rádios comerciais exigida pela lei brasileira e pontua:

> Eu desafio a quem deseja montar uma emissora comunitária a conseguir atender a todas as exigências do Ministério das Comunicações. São exigências absurdas e praticamente impossíveis a representantes de pequenas localidades, se não tiverem apoio de políticos.[22]

Já na percepção do jornalista mineiro Valdir de Castro Oliveira, a própria existência da legislação abre possibilidades de atender a demandas da população, no sentido de democratizar a comunicação que estava reprimida. "Sob esse aspecto, a promulgação da lei resultou positiva, pois muitos grupos se organizaram e criaram emissoras comunitárias". Mas ele destaca que "a Lei nº 9612 pressupõe um voluntarismo da

---

[21] Em entrevista à autora, por telefone, em 20 jun. 08.

[22] Em entrevista à autora, por telefone, em 23 jun. 08.

comunidade que destoa muito da vida real, um voluntarismo que não existe, não é possível".[23]

Em sua visão, "o ideário franciscano da lei impede essas emissoras de auferirem recursos publicitários e as empurra para a hipocrisia – chama-se de apoio cultural o que é verdadeiramente publicidade comercial. Elas não têm como sobreviver sem esses recursos". O pesquisador defende que, ao disporem de algum recurso financeiro, "que não esteja atrelado a grupos políticos, empresariais ou mesmo religiosos, essas emissoras teriam como investir na melhoria da programação oferecida à comunidade".

Articulador do movimento de rádios comunitárias e autor de livro sobre o assunto, Dioclécio Luz[24] considera que

> [...] a lei nasceu troncha [...] e existe para inviabilizar as rádios comunitárias... impede a formação de redes e o atendimento à comunidade... Os 10 anos estão associados a um recorde de rádios não autorizadas fechadas pela Anatel e Polícia Federal. (2008)

[23] Em entrevista à autora, por telefone, em 20 jun. 08.

[24] Artigo "Os 10 anos de uma lei troncha". Disponível em: <www.observatorio.ultimosegundo.ig.com.br/artigos.asp?>. Acesso em em 26 fev. 08.

CAPÍTULO 5

A reconfiguração da esfera pública na Região Metropolitana de Belo Horizonte pelas rádios comunitárias: um estudo de caso da União e da Inter-FM

Este capítulo compreende o estudo de caso qualitativo das rádios comunitárias União e Inter-FM, localizadas respectivamente no Aglomerado Santa Lúcia, na capital mineira, e no município de Brumadinho, na Região Metropolitana de Belo Horizonte. Busca-se identificar se essas duas emissoras contribuem para a reconfiguração das esferas públicas das comunidades onde estão instaladas.

A Rádio Inter-FM, 87,9: prova de fôlego comunitário

Fundada no final de 1996 e autorizada a funcionar como emissora comunitária em 2003, a Inter-FM tem a preferência de 56% da população de Brumadinho.[1] A emissora é equipada[2]

---

[1] Segundo pesquisa encomendada pelo PMDB durante campanha política, realizada pela Vox Populi, em 2004.

[2] Informações obtidas durante entrevista com o presidente da Inter-FM em novembro de 2005.

com dois computadores, transmissor, gerador de estéreo, dois NBs, dois aparelhos de CD, dois microfones, duas mesas de som e um estúdio de gravação. Foi na esfera política que a emissora chamou a atenção para o seu fôlego comunitário e seu auge como canal de ampliação das vozes locais foi a transmissão direta da cassação do prefeito, em janeiro de 1999.

A receita da Inter-FM, de acordo com seu presidente, Leci Strada,[3] vem exclusivamente de apoios culturais fixos que garantem o custeio do aluguel, o pagamento de taxas de luz e de outras despesas, como consertos de equipamentos. Ele explica que a emissora somente recebe pagamento da Prefeitura Municipal quando veicula anúncios pagos. A rádio conta com a ajuda de 23 voluntários, sendo que dois funcionários têm salário fixo, enquanto os outros programadores são remunerados a partir dos apoios culturais que conseguem para os seus programas.

Constituída como Associação Comunitária de Radiodifusão Cultural, Educativa e Artística de Brumadinho (ACRCEAB), também presidida por Strada, a Rádio Inter-FM promove ações humanitárias e já realizou diversas campanhas para ajudar pessoas necessitadas da comunidade por meio da doação de equipamentos médicos, roupas e cestas básicas mensais.

A emissora abre mão de programação exclusivamente comunitária e educativa para não ceder seu espaço radiofônico às outras rádios locais e assim contribuir para o desenvolvimento sociocultural dos habitantes de Brumadinho. A rádio entra no ar às seis horas com músicas caipiras seguidas de informações relacionadas ao cotidiano do homem do campo, e também temáticas de interesse das donas de casa. Há espaço reservado para conteúdo ligado à "comunidade"[4]

---

[3] Informações transmitidas durante entrevistas concedidas à autora entre agosto de 2003 e novembro de 2005.

[4] O termo "comunidade" surge neste capítulo entre aspas em virtude de, muitas vezes, ser utilizado de forma indevida, já que um grupamento

de Brumadinho, à Pastoral da Criança, ao público feminino, a variedades, a atendimentos a solicitações de música pelo telefone e a dicas para adolescentes sobre cuidados com a saúde. Há horário garantido à Igreja Católica e ao esporte regional.

Os sábados são reservados ao jornalismo local e entrevistas com pessoas do povo e com autoridades da "comunidade" e, no domingo, notícias leves e receitas de chás e outras bebidas naturais, conteúdo humorístico e estilos mais antigos. Nesse dia a rádio sempre homenageia uma família local, contando sua história e participação na vida da comunidade. Um dos programas de maior audiência é o De Olho na Notícia, levado ao ar aos sábados, com duas horas de duração. Comandado pelo jornalista Valdir de Castro Oliveira, o programa é composto de notícias, reportagens, debates e entrevistas.

A Rádio União, 90.1 FM:
uma segunda associação de moradores

A Rádio União foi criada em 1998 por um grupo de moradores insatisfeitos com a falta de realização de obras de melhorias no Morro do Papagaio e para servir de canal para a população expressar suas demandas, bem como para ser ouvida além das fronteiras do morro, e divulgar os talentos locais, a cultura e a história da "comunidade". Após funcionar alguns anos na ilegalidade, a emissora obteve, em dezembro de 2001, liminar de autorização de funcionamento.

Durante a realização desta pesquisa (em janeiro de 2006) a emissora foi fechada pelos fiscais da ANATEL, tendo em vista que a liminar que autorizava seu funcionamento havia sido revogada em agosto de 2002. A rádio trabalhou sem problemas até o início de 2006, quando, após denúncia anônima,

---

humano não é necessariamente definido e entendido como comunidade. Por isso, neste livro, o termo não será empregado na sua acepção mais rigorosa. Para evitar sua generalização optou-se por colocá-lo entre aspas.

teve seus equipamentos lacrados pela ANATEL, mas a equipe da emissora ainda tenta renovar a liminar.

Os primeiros equipamentos da rádio foram doados pelo dono de uma loja de equipamentos de transmissão. Mais tarde o Colégio Marista doou dois computadores e, pouco a pouco, a equipe da rádio foi melhorando a aparelhagem. A emissora[5] possui dois microfones em condições de uso, um transmissor, uma mesa de 16 canais, um computador, um DVD de MP3, um toca-CD, um deck e um aparelho de MD.

No passado, a rádio utilizava os "catataus" – bilhetes escritos em pedaços de papel que a comunidade estrategicamente enviava para os locutores da rádio quando desejava fazer alguma denúncia sobre o uso de drogas e de outras questões relacionadas à violência. Geralmente esses bilhetes eram deixados em lugares previamente definidos e conhecidos da comunidade e, após as pessoas os deixarem, apertavam a campainha, avisando da chegada de mais um catatau. Atualmente a emissora evita confronto com os grupos violentos da favela, substituindo a expressão droga por substância química, e não mais fala abertamente sobre a questão. Prefere transmitir conselhos e conteúdos educativos e preventivos sobre o uso de drogas e a prática da violência.

Sua sede já foi instalada em vários locais – em pequeno cômodo na casa de um ex-presidente, em instalações alugadas e hoje está em área cedida pela paróquia local e localiza-se em frente ao campo de futebol da comunidade. A emissora conta com oito voluntários que se dividem entre o microfone comunitário e seus trabalhos. São remunerados com parte do apoio cultural que obtêm para os programas.

A programação da Rádio União começa às 7 horas e, durante a semana, transmite programação bastante diversificada, com música de diferentes estilos, inclusive regional. Aos sábados e domingos são transmitidos programas esportivos

---

[5] Informações transmitidas à autora pelo presidente da emissora em dezembro de 2005

e musicais variados, além de espaços reservados para temas religiosos católicos e espíritas. Durante a semana, a rádio entra no automático a partir das 22 horas, mas aos sábados e domingos esse recurso é utilizado também durante o dia.

Outros programas são produzidos em parceria com entidades da sociedade civil, o que de certa forma aproxima a comunidade do Aglomerado Santa Lúcia ao restante da população da capital mineira. A União realiza programas com o apoio de universitários sobre temas voltados para a ecologia e direitos do consumidor. É grande o número de pessoas da "comunidade" que já deram depoimentos à Rádio União, o que pode sinalizar que a emissora abre espaço para a participação dos moradores locais.

O programa mais ouvido é o Manhã Alegre, comandado por Marino Santana, transmitido de segunda a sexta-feira, de 9 às 13 horas, com conteúdo baseado nas demandas da comunidade, cujos representantes, por sua vez, também participam de mesas-redondas realizadas no estúdio junto com os convidados. Esse tecimento do espaço público se dá a partir dos debates, informações, entrevistas e diálogos realizados com especialistas em temas estreitamente ligados ao cotidiano dos ouvintes.

Santana inaugurou novo conteúdo em seu programa que possibilitará aos representantes de entidades do Morro do Papagaio comparecerem à rádio e se apresentarem à "comunidade", informando que tipo de atividade desempenham no Aglomerado e que contribuições asseguram ao desenvolvimento local. Constata-se que essas são relevantes modalidades de reconfiguração da esfera pública, na medida em que a emissora não apenas oferece à "comunidade" informações úteis ao seu dia-a-dia, mas também conta com a participação popular na realização de programas de prestação de serviços destinados à coletividade.

A programação da Rádio União é definida pelos programadores, que têm liberdade e autonomia para determinar os conteúdos. Marino entende que a "comunidade" já participa da programação da emissora, nem que seja por intermédio dos programadores, na medida em que eles também são membros da "comunidade" local.

Portas abertas, linguagem e proximidade:
diferencial que constrói o diálogo e a audiência

Na visão de Marino Santana (programador da Rádio União e responsável pelo programa Manhã Alegre, um dos carros-chefe da emissora), uma das principais distinções das rádios comunitárias, quando comparadas às comerciais, é que elas podem

> [...] comunicar e dar voz aos excluídos [...] Eu penso que a rádio comunitária deve ser dessa maneira, trazer as informações cabíveis a uma comunidade que às vezes é leiga sobre os problemas sociais, de direito [...] buscando alternativa, buscando jornalismo que está dentro das informações, buscando juízes, advogados... essas pessoas... para que elas façam uso do microfone da rádio comunitária, abrindo os olhos e os caminhos daquelas pessoas que necessitam de ajuda.[6]

A linguagem representa significativa diferença entre as emissoras comunitárias e as comerciais, já que as primeiras não usam "as palavras catedráticas", segundo ele afirma.

> Nós não buscamos dentro do dicionário as palavras que teriam que sair dos nossos lábios para uma pessoa interpretar bem, para ela compreender que estamos falando português amplo e correto. [...] A nossa linguagem é simples, mas é direta.

O programador define a rádio comunitária como sendo aquela que

> [...] presta serviço e dá voz à comunidade, pois não temos voz na rádio de suporte maior. A rádio comunitária

---

[6] Entrevistas realizadas em 20 /09/05 e em julho do mesmo ano, em Belo Horizonte.

veio justamente suprir essa demanda, dando voz aos excluídos. É o que fazemos aqui.

Já Fernando Moreira e Amanda Carolina Pinto Moreira (pai e filha, programadores da Rádio Inter-FM) apontam outros aspectos que diferenciam as emissoras radiofônicas comunitárias das comerciais. Amanda entende que a rádio comercial é mais voltada para eventos, shows, manifestações e lucro. "A rádio comunitária defende mais o direito do povo [...] e dá mais oportunidade pro pessoal da redondeza de Brumadinho", explica ela. Para Fernando Moreira, coordenador da equipe de esporte da rádio há oito anos, a emissora comunitária "deve estar mais perto da comunidade. A gente está mais ligado aos problemas locais". Em sua opinião, "a rádio comunitária, apesar de ser de menor potência e atingir uma área de menor abrangência, já que trabalha numa potência só, atende mais do que uma rádio que fala abertamente em amplitude".

A política de portas abertas à população é também característica da emissora comunitária, o que, na avaliação de Santana, da rádio União, exige certos cuidados, já que cada voluntário tem liberdade na condução de seu programa, assim como de convidar pessoas a serem entrevistadas. "Às vezes podemos cair na armadilha de passar informações sobre as quais não temos conteúdo e isso pode trazer prejuízo para qualquer um de nós ou para a 'comunidade'".

Esse aspecto é apontado por outros programadores e líderes comunitários, que chamam a atenção para os perigos do microfone franqueado. Fernando Moreira já enfrentou situações difíceis, especialmente em períodos pré-eleitorais. Da mesma forma, Amanda passou a tomar mais cuidado após se surpreender com alguns ouvintes que, numa ligação telefônica ao vivo, em vez de pedirem música, começaram a atacar verbalmente a Prefeitura Municipal.

A Rádio União igualmente já foi palco de problemas dessa ordem. O padre Mauro, da Igreja Católica, e a pastora Elizabeth, da igreja Quadrangular, contam que tiveram suas imagens denegridas por pessoas que se utilizaram do microfone da emissora para ataques ou desabafos pessoais. Ao analisar essa questão, o presidente da Associação dos Universitários do Aglomerado Santa Lúcia, Juvenal Lima Gomes, a percebe como inerente ao contexto das rádios comunitárias, pois, embora o acesso ao microfone comunitário deva realmente existir, a emissora paga determinado preço por franquear a participação da população. "Nesse caso, deve-se pesar o que vale mais, se franquear o microfone ou restringir seu uso. É complicado, porque a essência de uma rádio comunitária é dar direito à voz [...] É o risco da democracia".

Comunidade e rádio: espaço
para crescimento e aprendizado mútuo

A proximidade entre ouvintes e agentes das rádios é apontada pelos locutores como facilitadora para a preparação dos programas das emissoras comunitárias. Na visão de Marino Santana, o fato de morar no Morro do Papagaio facilita seu contato com os ouvintes da Rádio União, além de ajudar também na composição dos programas veiculados, especialmente por ele receber sugestões e opiniões enquanto caminha pela "comunidade".

O programador lista algumas das principais iniciativas da comunidade apoiadas pela Rádio União, a exemplo do SOS Wesley e Fernanda, irmãos com problemas de saúde que receberam produtos da cesta básica e fraldas. Outras campanhas acudiram o motorista de ônibus Jairo, que sofria sérios problemas de saúde provocados pela obesidade e pela pressão alta, e também a própria "comunidade" com o movimento "Viva a vida, viva a vila", que teve por objetivo chamar a atenção da Prefeitura Municipal de Belo Horizonte para a necessidade de se construir uma passarela na entrada do Morro do Papagaio.

Santana considera boa a participação dos ouvintes durante a realização do Manhã Alegre, especialmente no comparecimento desses à rádio. Por estarem tão próximos, eles preferem se deslocar até a emissora a telefonar. Os ouvintes que telefonam para a emissora durante o Manhã Alegre quase sempre estão buscando informação e solução para seus problemas, que geralmente se relacionam com saneamento básico, água e energia elétrica. As demandas da "comunidade" encaminhadas à rádio são repassadas aos órgãos e às entidades competentes em busca de solução. Ao agir assim, a emissora desempenha papel intermediário entre a "comunidade" e os órgãos públicos.

Fonte das notícias e acesso ao microfone

Com experiência de aproximadamente 20 anos como locutor de rádios comerciais, Raul Rodrigues (Rádio União) sente-se satisfeito com a liberdade para trabalhar e com a proximidade com os ouvintes, proporcionadas pela filosofia de trabalho seguida pela emissora comunitária. "Vou pra o rádio com a minha vida, aqui posso ser eu mesmo. Nas outras rádios não posso; aqui posso até falar sobre minha mãe que está doente. Aqui eu não tenho ouvintes, tenho amigos".

Esses aspectos são destacados por Rodrigues como sendo as principais diferenças entre as emissoras comunitárias e as comerciais, além do fato de que nas primeiras o locutor "está mais presente [...] é como se eu estivesse fazendo rádio dentro da casa das pessoas, as pessoas me conhecem. Os vizinhos vêm fazer o programa; eles opinam".

As notícias que ele divulga em seus programas são originárias principalmente da internet. Surpreende o fato de a rede mundial de computadores ser a fonte de notícias divulgadas em rádio comunitária, já que uma das funções desse tipo de emissora é justamente divulgar e reportar informações e fatos que têm proximidade com a vida cotidiana dos moradores das comunidades onde atua. Não significa dizer que tal rede não possa ser consultada. O problema surge quando a internet substitui o trabalho e a consulta aos próprios moradores da "comunidade", que se constituem a fonte mais valiosa de informação e de material a ser divulgado por uma emissora radiofônica comunitária.

Rodrigues comanda os programas musicais Bom Apetite, às terças e quintas-feiras, de 13 às 15 horas, e o Tarde Legal, de segunda a sexta-feira. Por meio da música, ele destaca temas relacionados ao cotidiano dos jovens e abre espaço para discussões pelo telefone. O locutor manifesta sua preocupação em ajudar principalmente as pessoas com dependência química e as que se encontram desempregadas, razão pela qual procura "mostrar que dentro de uma comunidade a gente não precisa discriminar as outras pessoas que estão andando à margem da lei... a gente tem que ser um espelho". A prioridade dada a essa temática deve-se justamente ao fato de ele ser um ex-dependente químico que conseguiu se livrar das drogas. "Aqui posso mostrar para os outros meninos que eles também podem fazer".

A participação da "comunidade" na programação da Rádio União se dá, sobretudo, ao solicitar músicas e enviar mensagens, além de opinar sobre os temas destacados pelos locutores. A inserção dos ouvintes ao vivo se intensifica em determinados programas, quando a temática desperta maior interesse da "comunidade", a exemplo do INSS Responde, quando um técnico do Instituto comparece à rádio para dissolver dúvidas, e em outros programas. Mas a definição de temas é de responsabilidade de cada programador.

O mesmo sistema é adotado na Inter-FM, do município de Brumadinho, onde o presidente Leci Strada deu autonomia para cada programador definir o conteúdo do seu horário. Segundo explicou Amanda Moreira, de 16 anos, que comanda o Tarde Total, voltado principalmente para o público adolescente, os locutores não devem falar mal da Prefeitura, mas "a gente pode passar as reivindicações do povo; só não pode dar opinião pessoal sobre tal assunto. Senão pode complicar até pra nossa emissora aqui".

Esse depoimento suscita a discussão sobre a censura que, inadequadamente, ocorre também em emissoras que se propõem democráticas, plurais e abertas à livre expressão. No entanto, a questão merece análise mais profunda para que não se incorra em conclusões precipitadas. Por mais que pareça contraditório, não se deve deixar de considerar que as emissoras comunitárias, justamente por serem abertas à participação popular, não podem divulgar qualquer informação sem avaliação e comprovação prévia dos fatos. Esses veículos devem ter critérios que cuidem da ética e da veracidade do que é divulgado. Oportuno resgatar a sugestão de Vigil (2003) sobre a "Ouvidoria do Ouvinte".[7]

A forma mais comum de a população participar da programação da Rádio Inter-FM é também pelo telefone. Fernando Moreira explica que a emissora tem uma planilha de conteúdo programático e, a partir da constatação por parte da direção da rádio da necessidade de se ter, por exemplo, temática humorística, busca-se na "comunidade" alguém que tenha o perfil adequado.

Anônimos que procuram reconhecimento

Nas duas emissoras os próprios programadores saem em busca de apoio cultural para ajudar na manutenção do seu programa. Conforme já observado, essa liberdade na definição do conteúdo programático é comum nas emissoras comunitárias. O problema surge quando os locutores não estabelecem unidade entre seu programa, a grade de programação da emissora e a filosofia de trabalho apropriada a um meio de comunicação comunitária. Essa questão foi apontada pelo presidente do Conselho Comunitário das Vilas Estrela, Santa Rita de Cássia e Barragem Santa Lúcia, Reginaldo Mansueto Luiz,[8] pela pastora da Igreja Quadrangular, Elizabeth, e por padre Mauro, da Igreja Católica, do Aglomerado Santa Lúcia, que reclamaram da ausência de um projeto específico da emissora e de mais cuidado com o que é divulgado.

---

[7] "Sistema para controlar a qualidade da oferta radiofônica, para garantir a ética e a estética dos programas, bem como a seriedade jornalística dos espaços informativos" (VIGIL, 2003, p. 458).

[8] Entrevista concedida à autora em 08/11/05, em Belo Horizonte.

Mas, a despeito de tais dificuldades, percebe-se preocupação dos agentes das duas rádios com a qualidade da programação. Marino Santana, por exemplo, esclarece que planejou seu programa na Rádio União em função das demandas da "comunidade", que constantemente necessita de informações sobre funcionamento e legislação do INSS, mudanças na legislação trabalhista e nas esferas política e econômica que afetam diretamente a vida da populawwção, entre outras. Ao ceder mais espaço para os moradores do Aglomerado Santa Lúcia informarem que tipo de atividades desempenham na "comunidade", Santana explica que ele próprio sente que faz "parte desse bloco de anônimos, voluntários que estão sempre representando a "comunidade" em outras áreas e não são reconhecidos pela própria comunidade".

O locutor explica que, por formarem grande contingente populacional, os moradores do Morro do Papagaio não sabem quem são e o que fazem muitas das pessoas com quem cruzam no dia-a-dia. "Creio que através deste programa, desta retrospectiva... o que é uma comunidade, como ela funciona? Temos nossos problemas internos e temos que resolvê-los buscando a unidade para ficar forte". Como se vê, a rádio busca contribuir para maior aproximação entre os moradores e para a mobilização social como forma de fortalecer o sentimento e o vínculo comunitário nos moradores.

Chama a atenção o fato de a maioria dos líderes comunitários do Aglomerado Santa Lúcia, entrevistados para esta pesquisa, não cultivarem o hábito de ouvirem a Rádio União, apesar de muitos deles já terem comandado programas radiofônicos na emissora. Alguns sintonizam a rádio apenas nos finais de semana, enquanto outros a acompanham com freqüência ainda menor. De acordo com os respondentes, isso ocorre principalmente por duas razões. Em primeiro lugar, pela falta de tempo – já que eles exercem atividades profissionais que não lhes permitem estar o tempo todo com o rádio ligado. Em segundo lugar, pelo comportamento inadequado de poucos locutores, que utilizam palavras chulas e comentários desrespeitosos e preconceituosos sobre pessoas da comunidade, conforme relataram alguns correspondentes.

Padre Mauro, por exemplo, deixou de ser ouvinte assíduo da Rádio União após ouvir um locutor usar expressões inconvenientes e tratar os idosos com falta de consideração e de respeito. Ele já foi alvo de notícias equivocadas. A pastora Elizabeth, da Igreja Quadrangular, não ouve mais essa emissora porque foi caluniada e teve sua imagem arranhada por um locutor. Outro líder, Marcos Guimarães, um dos fundadores da emissora, considera que, com o passar dos anos, a proposta da Rádio União foi desvirtuada e ela perdeu algumas características de emissora comunitária. Ele também não é ouvinte assíduo.

Constatou-se, porém, a partir das considerações dos líderes, que os moradores do Aglomerado Santa Lúcia e do município de Brumadinho são, de forma geral, sintonizados com as rádios, na medida em que rotineiramente enviam mensagens às emissoras, solicitam músicas e complemento de informações, embora não acompanhem a programação. A audiência pode ser percebida ainda a partir de comentários dos ouvintes aos próprios locutores e a pessoas entrevistadas sobre os temas discutidos pela rádio. A pesquisa não investigou se os moradores das duas comunidades estudadas são ou não ouvintes também de outras emissoras.

Embora os respondentes da pesquisa no Aglomerado Santa Lúcia, pessoas que ocupam cargos de direção em entidades representativas dos moradores locais, não sejam ouvintes diários, todos, de maneira geral, utilizam a rádio para divulgar suas atividades, para enviar mensagens aos moradores do Aglomerado e, em situações especiais ou emergenciais, mobilizar e esclarecer a população sobre outras questões de interesse coletivo. A Rádio União é um meio de comunicação e de divulgação bastante utilizado pelos líderes comunitários do Aglomerado Santa Lúcia para informar e mobilizar a população.

Diferentemente da emissora do Morro do Papagaio, a Inter-FM é acompanhada por todos os líderes comunitários do município de Brumadinho entrevistados para esta pesquisa, até por aqueles que não recebem nitidamente o sinal da rádio e precisam se deslocar para comunidades vizinhas para ouvir os programas ou então os acompanham enquanto trabalham em outras localidades. Constatou-se, conforme demonstrado pelos líderes de Brumadinho, Antônio Cambão e para a representante do Sistema Único de Saúde (SUS) no município e da Associação do Meio Ambiente e Desenvolvimento do Vale do Paraopeba, Rita de Cássia Costa da Silva,[9] que a admiração e a amizade que nutrem por diretores e locutores são fatores de influência para a preferência.

Novos sentidos e práticas de cidadania

A compreensão do significado de termo cidadania ultrapassa a definição de qualquer dicionário, na medida em que, mais do que situação de "pessoa que, como membro de um Estado, se acha no gozo de direitos que lhe permitem participar da vida política" (HOUAISS; VILLAR, 2001, p. 714), exprime um conjunto de condições e de possibilidades vivenciadas no dia-a-dia pelo homem pós-moderno. Quando o contexto em que o sujeito vive é caracterizado, muitas vezes, por situações de carência absoluta de igualdade de direitos e falta de acesso à saúde, à educação, ao conforto e à esperança, o alcance do termo deve ser analisado com maior cuidado, já que ultrapassa qualquer conceito formal.

A temática cidadania provocou boa reflexão nos entrevistados, que de forma geral apresentaram nível de conscientização e informação razoável quanto às diferentes facetas do que significa ser cidadão. A pesquisa de campo revelou que mesmo que o conceito de cidadania em certos momentos mostre-se pouco claro para alguns dos entrevistados, esses

---

[9] Entrevista concedida à autora em 19/11/05, em Brumadinho/MG.

demonstram estar conscientes de que as rádios analisadas têm fundamental importância na construção e no exercício da cidadania no cotidiano dos moradores do Aglomerado Santa Lúcia, em Belo Horizonte, e dos pequenos distritos de Brumadinho, na medida em que os locutores chamam a atenção para temáticas de interesse da coletividade e inserem tais comunidades no contexto dos municípios a que pertencem.

O exercício da cidadania está vinculado, na visão de alguns líderes comunitários, à participação em ações para melhoria da comunidade. Para Juvenal Gomes, do Aglomerado Santa Lúcia, além de amplo, o termo cidadania está banalizado, já que é utilizado de forma desvinculada de sua prática na rotina de vida da sociedade contemporânea. Mas ele acredita que a Rádio União desempenha importante papel no sentido de ajudar os habitantes da "comunidade" a construírem e a reforçarem sua cidadania, sobretudo quando, por exemplo, os incentiva a se articularem em torno do Orçamento Participativo ou a desenvolverem projetos sociais para a melhoria do Morro do Papagaio como um todo.

A mesma percepção de coletividade norteia o conceito de cidadania do programador Marino Belardino Santana.[10] Segundo ele, os instrumentos utilizados pela rádio são a informação e a mobilização. "Sem informação não temos cidadania projetada nos objetivos". Ele explica que a emissora reforça na população o sentimento de conjunto ao enfatizar a necessidade de lutar pelos seus direitos, e destaca:

> Nós sabemos que a Constituição Federal nos dá esse direito, mas lutar pela cidadania localizada é diferente. [...] Desde o momento em que você faz ela (a cidadania) em conjunto, você está adquirindo outras coisas não para uma pessoa [...] reivindicando através dos direitos do cidadão dentro de um projeto de cidadania.

---

[10] Entrevistas concedidas à autora em 07/07/2005 e 20/09/2005, em Belo Horizonte.

O depoimento do presidente da Coopernossa (Cooperativa dos Costureiros do Aglomerado Santa Lúcia), Marcos Guimarães,[11] ilustra tal percepção ao afirmar que foi por intermédio da rádio que ele começou a se envolver em trabalhos comunitários. A condição de líder lhe confere certo grau de distinção na relação com seus vizinhos.

Ele entende que quando a Rádio União presta serviço de informação, seja mobilizando a "comunidade" para uma campanha de vacinação, de limpeza urbana, seja reforçando os direitos civis dos indivíduos, isso representa práticas de cidadania. Para Guimarães, a rádio ajuda no processo de formação de cidadãos mais conscientes e integrados à "comunidade", especialmente por facilitar o acesso da população à produção e à circulação de mensagens. Para ele.

> [...] o microfone hoje é a melhor arma para construir, destruir, para conseguir recursos, parcerias, para fazer com que a comunidade cresça. Acho que a comunidade não sabe ainda o poder que tem nas mãos.

O papel da rádio no desenvolvimento da consciência cidadã

Nesse sentido, o presidente da Coopernossa destaca o relevante papel da emissora no desenvolvimento da consciência cidadã entre os moradores locais e ressalta como exemplos as campanhas de vacinação e as entrevistas semanais com o consultor do INSS transmitidas pela Rádio União.

> A rádio nunca fecha as portas para quem necessita de apoio; qualquer coisa que você quer anunciar, eles anunciam. Ainda é o melhor meio de criar vínculos com outros canais dentro e fora da comunidade.

A mesma opinião tem o presidente da Associação União Comunitária da Barragem Santa Lúcia, Davi Rogério do

---

[11] Entrevista realizada em 25.10.05, em Belo Horizonte.

Amaral, do Morro do Papagaio, para quem a Rádio União cumpre bem sua função de incentivar a formação de cidadãos. "Com certeza, ajuda sim. É através da informação que a pessoa vai desenvolvendo seu papel de cidadão".

Com credibilidade e ascensão sobre contingente significativo de moradores do Aglomerado Santa Lúcia, padre Mauro[12] estabelece distinção entre ser cidadão e ser favelado, porque considera uma "falácia" a afirmação de que todas as pessoas são cidadãs.

> Eu posso até dizer isso, eu até falava e defendia isso: somos cidadãos, lute por seus direitos. Eu continuo falando, mas porque nós ainda não somos cidadãos... porque cidadão é uma pessoa de direito... e se você não tem seus direitos respeitados, você ainda não é cidadão [...].

Ele denuncia que o favelado vive em condições precárias e com privação de coisas básicas, como a alfabetização. "Nitidamente você não tem aqui uma comunidade cidadã; tem-se uma comunidade carente que ainda não atingiu o patamar da cidadania". O religioso evidencia o papel da rádio comunitária na mudança desse cenário, ou seja, a transformação do favelado em cidadão, mas considera que a rádio não conseguiu ainda fazer tal discussão, já que alguns programadores "reforçam o imaginário do favelado como bandido, como desorganizado, como o que vive só falando palavrão; repete os preconceitos que a cidade tem com relação ao favelado". Para ele, as músicas transmitidas em nada contribuem para a construção do sentimento de cidadania nas pessoas das vilas.

Por outro lado, padre Mauro percebe que a equipe da Rádio União tem atitudes que demonstram colaboração cidadã, quando, por exemplo, vai cobrir algum evento realizado na "comunidade" e se envolve nas discussões na condição de

---

[12] Entrevista concedida à autora em 06/10/05, em Belo Horizonte.

moradores, não apenas cumprindo seu papel de incentivo à comunicação. "Acho isso muito interessante. Eles vão para transmitir (as informações) para as pessoas e se colocam na posição de participantes da coisa também".

Já na percepção do presidente do Conselho Comunitário das Vilas Estrela, Santa Rita de Cássia e Barragem Santa Lúcia, Reginaldo Mansueto Luiz,[13] a rádio "deveria aumentar mais a auto-estima das pessoas", não só por meio da música e da cultura, mas também de outras temáticas de interesse coletivo. Sua opinião coincide com a de irmão Jair, ouvinte da Rádio Inter-FM, localizada em Brumadinho, para quem a emissora precisa "contribuir para a formação de cidadãos. Cidadão é quando você realmente participa da vida da comunidade". Nesse sentido, o presidente da Associação União Comunitária da Barragem Santa Lúcia, Davi Rogério do Amaral, chama a atenção para a legitimidade necessária para que a Rádio União contribua, de fato, para a construção da cidadania, ao afirmar que a emissora não vai divulgar um trabalho se não recebe "autorização" (demanda) da comunidade para isto.

É igualmente positiva a avaliação da maioria dos entrevistados do município de Brumadinho. Para Adriana Regina Braga Silva,[14] da comunidade de Sapé, a Inter-FM assegura boa contribuição na formação de cidadãos. "Eu, pelo menos, nunca ouvi nada que abaixasse a auto-estima, de ficar revoltada, não". A locutora Amanda concorda que a emissora ajuda no processo de construção do sentimento de cidadania, ao facilitar o acesso ao microfone e, portanto, incentiva as pessoas a se expressarem e a darem seus depoimentos.

A psicóloga Rita de Cássia Costa da Silva,[15] representante do Sistema Único de Saúde (SUS) no município e da Associação do Meio Ambiente e Desenvolvimento do Vale do

---

[13] Entrevista concedida à autora em 08/11/05, em Belo Horizonte/MG.

[14] Entrevista concedida à autora em 21/11/05, em Brumadinho/MG.

[15] Entrevista concedida à autora em 19/11/05, em Brumadinho/MG.

Paraopeba, com sede em Brumadinho, aponta os resultados positivos da atuação da Inter-FM com a população local que está hoje, em sua opinião, mais participativa e organizada. Ela percebe que, quando a emissora divulga antecipadamente os temas a serem discutidos em reuniões públicas de Brumadinho, as pessoas cowmparecem e mostram-se mais bem informadas para discutir as questões.

Esse depoimento evidencia o importante papel da Inter-FM na circulação das informações de interesse coletivo no município de Brumadinho, o que acaba contribuindo para a reconfiguração da esfera pública local. É possível perceber, portanto, a dimensão pública na rotina desta rádio, por meio das práticas comunitárias por ela incentivadas, nos conteúdos da programação e no próprio sentido que seus ouvintes atribuem à emissora.

A cidadania vem da identidade definida

É também por esse ângulo que a representante dos trabalhadores na Secretaria Municipal de Saúde de Brumadinho, Rosa Elane Alves Dias,[16] analisa de que forma a Rádio Inter-FM contribui para a construção do sentimento de cidadania na população. Em sua visão, cidadão é "aquela pessoa que sabe dos seus direitos e deveres e faz parte da comunidade como um todo". Ao analisar a questão, Rosa inclui as diversas formas pelas quais a emissora colabora para a construção da cidadania, como discutir sobre temas atuais, oferta de produtos em casas comerciais, divulgação de shows musicais e transmissão da missa aos domingos. Isto se dá, segundo ela, "no momento em que a emissora faz o papel de elo de integração" entre as pessoas e dessas com os órgãos e equipamentos sociais.

A percepção de irmão Jair,[17] da Igreja Católica de Brumadinho, é mais abrangente e, de certa forma, abre oportunidade

---

[16] Entrevista concedida à autora em 21/11/05, em Brumadinho/MG.
[17] Entrevista concedida à autora em 22/11/05, em Brumadinho/MG.

para a avaliação da Inter-FM tanto na construção do sentimento de cidadania quanto na formação da identidade. Para ele, só se consegue ser cidadão se se tem identidade definida:

> Eu penso que ser cidadão não é só votar [...]. A cidadania é parte da formação de consciência. Então, ao lado da valorização da identidade local tem a busca de melhorar a consciência do povo. O povo é, muitas vezes, alienado. E a alienação se dá por medo. Medo de ser perseguido. A rádio deveria melhorar nessa formação de ser cidadão. Cidadão é quando você realmente participa da vida da comunidade.

As considerações acerca dos novos sentidos e práticas de cidadania vivenciadas pelas comunidades estudadas merecem ser analisadas e interpretadas à luz das vertentes conceituadas por Marshall no final dos anos 1940 e citadas por Pereira da Silva (2000), segundo as quais a noção de cidadania é composta pelos elementos civil, político e social. Tais considerações são reforçadas ainda por Liszt Vieira (2000) e Carvalho (2001). Embora à primeira vista o universo pesquisado mostre que as formas de cidadania experimentadas pelas populações das duas localidades não têm relação próxima com o conjunto de direitos plenos que devem ser garantidos ao cidadão, justamente pela realidade de carências e dificuldades enfrentadas por suas populações – especialmente os moradores das vilas e favelas do Aglomerado Santa Lúcia –, um posicionamento mais claro e imparcial exige que se conheça melhor a situação.

A cidadania civil, composta pelos direitos necessários à liberdade individual, encontra espaço nas vilas e favelas do Morro do Papagaio e nas "comunidades" rurais de Brumadinho? O exercício pleno da cidadania sempre se mostrou questão complexa, e tal condição não tem se modificado com o tempo, em função das carências, contradições e precariedades em que vive grande parte da população brasileira. O que se vê são tentativas de exercitar tal conceito e isso é em grande medida evidenciado pelos respondentes, que se mostram determinados a contribuir para a efetiva prática de tal direito. A noção da nova cidadania deve ser entendida, de acordo com Ruth Leite Cardoso (1994), Liszt Vieria (2000) e José Murilo Carvalho (2001), na perspectiva de que não se pensa mais em direitos individuais, mas sim em direitos coletivos. Isso foi verificado nas comunidades pesquisadas.

Em que medida a cidadania política, que prevê a participação do indivíduo no exercício do poder político, é vivenciada pelas "comunidades" estudadas? Entende-se que a resposta a essa questão deve ser norteada pelo entendimento não do poder político partidário, mas do poder político local, se se considerar que este possibilita ao morador ter participação efetiva em associações comunitárias, decidir sobre temas e questões coletivas em reuniões comunitárias, inclusive de priorizar as obras e melhorias locais por meio do Orçamento Participativo. É esse poder de âmbito local que abre espaço para reivindicações diretas dos moradores ao poder público municipal. Acredita-se que, então, pode-se considerar que existe, sim, certo grau de cidadania política nas "comunidades" pesquisadas, sobretudo na ótica da liderança ouvida para esta pesquisa.

Constata-se, no entanto, que a cidadania social, que reflete o conjunto de direitos à segurança e ao bem-estar econômico, direito de compartilhar as riquezas socialmente produzidas e o de viver com civilidade segundo os padrões sociais existentes, não é vivenciado pela população do Aglomerado Santa Lúcia, com maior ênfase, e nem pelas "comunidades" rurais do município de Brumadinho, com menor intensidade. Mas ambas as "comunidades" lutam para conquistá-la. Tal percepção remete a discussão para as considerações de Pereira da Silva (2000), segundo as quais a noção de cidadania social está associada ao surgimento de uma esfera social diferenciada, denominada por Hannah Arendt (1958) como emergência do social.

Cidadania: a busca pela realização de um ideal coletivo

Importante considerar nessa interpretação o papel desempenhado pelas duas rádios comunitárias para contribuir para a efetiva construção da cidadania. Verificou-se que cada emissora, a seu modo, garante tal contribuição, o que pode ser constatado a partir dos depoimentos de Marcos Guimarães, Davi Amaral, pela presidenta do Centro de Defesa Coletiva da Vila Santa Rita de Cássia, do Aglomerado Santa Lúcia, Patrocínia Fulgêncio; pelo locutor Marino Santana, do Morro do Papagaio, e por Adriana Regina, Rita de Cássia, Rosa Elane e irmão Jair, de Brumadinho.

De maneira geral, as questões apontadas pelos respondentes quanto à dimensão da cidadania encontram eco nas reflexões de outros autores, entre os quais se destacam Pereira da Silva (2000) e Maria da Glória Gohn (2003), cujas análises mostram relação entre a definição desse termo e a busca pela realização de um ideal ou virtude a ser alcançado a partir de ações cotidianas voltadas para a busca do bem comum. Tal afirmação pode ser percebida a partir da retomada dos comentários de alguns entrevistados, a exemplo do de Marcos Guimarães, que apontou a importância da divulgação, pela emissora União, das campanhas de vacinação e de limpeza e a ênfase aos direitos civis.

A mesma preocupação foi percebida no depoimento de Rosa Elane, de Brumadinho, quanto ao incentivo da Inter-FM à integração da população local com os órgãos e os equipamentos públicos que prestam serviços à população. Igualmente, as críticas de padre Mauro, do Aglomerado Santa Lúcia, quanto às precárias situações de vida dos moradores de favelas, que não condizem com as condições asseguradas a quem é plenamente tratado como cidadão, podem ser interpretadas à luz das considerações dos autores, que co-relacionam o conceito de cidadania às ações coletivas direcionadas à melhoria das situações de vida da coletividade.

Ao focalizar tais aspectos, Pereira da Silva (2000) estabelece paralelo entre a cidadania e a luta de pessoas ou grupos que se sentem excluídos. Nesse sentido, alguns depoimentos ressaltam o sentimento de exclusão, como, por exemplo, o de Adriana Regina, de Brumadinho, e o do padre Mauro, do Aglomerado Santa Lúcia. Ao focalizar esse ângulo, Gohn (2003) enfatiza a formação de redes e conexões entre pessoas e grupos, enquanto Dagnino (1994) ressalta a luta pelos direitos civis na construção da nova concepção de cidadania. Essa noção mais contemporânea de cidadania permite analisar a movimentação das populações das comunidades pesquisadas a partir das falas e das próprias ações dos líderes entrevistados, que se engajam na luta pela melhoria e pelo desenvolvimento de suas comunidades, de modo a que todos possam desfrutar de conforto e facilidades no dia-a-dia, além de viverem com mais dignidade.

Desse modo, evidencia-se o envolvimento de todos os entrevistados do Aglomerado Santa Lúcia e de parte dos respondentes de Brumadinho em ações voltadas para o crescimento e o desenvolvimento de suas comunidades. É justamente essa a nova face que adquire o conceito de cidadania, que, segundo Evelina Dagnino (1994, p. 109), prevê mais do que o simples acesso e inclusão, já que busca o direito de definir a efetiva participação das pessoas na construção da sociedade. Essas considerações permitem inserir Boaventura Souza Santos (2000, p. 261), para quem os movimentos sociais lutam por algo mais do que a concessão de meros direitos civis, na medida em que "exigem reconversão global dos processos de socialização e de inculcação cultural e dos modelos de desenvolvimento, ou exigem transformações concretas imediatas e locais".

A percepção do engajamento do indivíduo na construção do novo entendimento do que seja a cidadania, ilustrada a partir dos cenários das duas "comunidades" analisadas, nos remete ainda às reflexões de Peruzzo (2002), que analisa a questão pelo ângulo da participação do indivíduo na produção e circulação de mensagens, o que lhe confere condição de agente ativo do processo de comunicação. As observações dessa autora, aliadas às de outros pesquisadores, não nos permitem analisar esse aspecto, já que a pesquisa não ouviu todos os segmentos das comunidades pesquisadas, mas somente suas lideranças e algumas pessoas que trabalham nas rádios comunitárias.

Ao levar em conta os depoimentos dos líderes entrevistados, recorre-se novamente aos estudos de Ruth Leite Cardoso (1994) quanto ao conceito de cidadania coletiva, cujo exercício é verificado nas duas localidades. Constata-se que a preocupação e o envolvimento dos respondentes com suas comunidades não são motivados por questões pessoais, mas coletivas, embora essas permeiem as de âmbito geral. É importante deixar claro, para evitar romantismo, que as comunidades e seus moradores não estão isolados do contexto social mais abrangente, marcado pelo individualismo, por disputas pessoas, forças sociais divergentes. Daí que esses embates ocorram também nos microespaços sociais, ou seja, nas comunidades.

Percebe-se ainda, como já enfatizado, a existência de compromisso com as causas comunitárias, a exemplo do que fazem os líderes de Brumadinho, Valdeci Wander Pereira e Antônio Cambão. Isso é também enfatizado tanto pelas atividades que os programadores desempenham nas rádios União e Inter-FM, após sua jornada de trabalho, quanto pela iniciativa dos líderes, que, como Patrocínia, do Morro do Papagaio, desempenham seus papéis de dirigentes comunitários, mesmo sem receberem qualquer tipo de remuneração em função desse trabalho.

A força da cultura local na formação das identidades individual e coletiva

Outra dimensão importante para este trabalho, a formação da identidade individual e coletiva a partir das rádios comunitárias, ganhou significativas contribuições quando analisada pelos sujeitos da pesquisa. De modo expressivo, os entrevistados consideram importante a atuação da rádio comunitária na construção da identidade dos moradores das "comunidades" pesquisadas, embora boa parte deles demonstre certa dificuldade em identificar de que forma isso ocorra. Um deles confundiu a aplicação do termo com o ato de identificar alguém, o que nos leva a aproximar essa visão de identidade ao conceito de reconhecimento.

De forma geral, eles co-relacionaram a formação da identidade pessoal e coletiva à valorização e à preservação da cultura local, sendo que os moradores das áreas periféricas de Brumadinho estabeleceram ligação mais precisamente com as festas religiosas de congado e reizado, bem como com a atuação da rádio Inter-FM na divulgação dessas manifestações. Nessa "comunidade", o aspecto da identidade é reforçado pelo elemento cultural, sendo que o referencial teórico trabalhado neste projeto abrange diferentes dimensões e perspectivas.

A contribuição da Rádio União na construção e na preservação da identidade cultural é enfatizada pela presidenta do Centro de Defesa Coletiva da Vila Santa Rita de Cássia, do Aglomerado Santa Lúcia, Patrocínia Alves da Cruz Fulgêncio,[18] ao levar em conta que a emissora investe esforços na valorização e na divulgação das manifestações de grupos artísticos do Aglomerado Santa Lúcia.

A mesma percepção tem a representante do Sistema Único de Saúde (SUS) em Brumadinho, Rita de Cássia,[19] para quem a Inter-FM

> [...] tem resgatado expressões, culturas, movimentos do município que são muito importantes [...] na medida em que divulga, valoriza. Isso tem acontecido muito, por exemplo, em relação à cultura afro. Eu percebo que isso é muito importante para as pessoas que perderam sua raiz.

---

[18] Entrevista concedida à autora em 10/10/05, em Belo Horizonte.

[19] Entrevista concedida à autora em 19/11/05, em Brumadinho/MG.

Tal pensamento é compartilhado por Antônio Cambão,[20] como é mais conhecido o jardineiro Antônio Alves da Silva. É por essa via que ele pondera que a rádio valoriza a cultura e a identidade locais.

Da mesma forma, a análise do presidente da Associação dos Universitários do Aglomerado Santa Lúcia, em Belo Horizonte, Juvenal Lima Gomes,[21] demonstra aprovar a atuação da Rádio União na formação da identidade local, na medida em que a emissora "exalta essa coisa de ser do morro, de falar como o morro". Ele acrescenta que "as questões abordadas pela rádio trabalham a temática da cidadania, ao mesmo tempo em que permeiam questões relacionadas à identidade". O líder cita como exemplo da preocupação da União em construir e preservar a identidade do Aglomerado Santa Lúcia o projeto que está sendo desenvolvido em parceria com os universitários, que tem por objetivo reconstruir a história do Morro do Papagaio. A iniciativa prevê a reunião de documentos sobre o processo de formação das vilas, de fotos e de depoimentos de antigos moradores.

O entusiasmo pela realização do Projeto Memória é percebido também no programador Marino Santana, que afirma: "vamos escrever a nossa própria história, identificar como é que surgiu tudo aqui... isso era uma cerâmica... a casa mais antiga da comunidade é essa do lado da rádio, com um pé de ipê amarelo na frente... ali era uma fazenda". Ele ressalta ainda que no Aglomerado Santa Lúcia há "troca de identidade impressionante... não a identidade do pessoal de raiz... mas muitos também já mudaram e saíram daqui. A identidade antiga já foi embora e chegou outra nova". Em sua opinião, a principal ameaça à identidade de um lugar é o progresso, que "acaba com a história, porque ele precisa de espaço para crescer e engole a riqueza que foi adquirida através dos anos".

[20] Entrevista concedida à autora em 21/11/05, em Brumadinho/MG.
[21] Entrevista concedida à autora em 23/09/05, em Belo Horizonte.

O líder responsável pela orientação católica de Brumadinho entende que o processo de construção da cidadania está intimamente relacionado à formação da identidade, ao ponderar que só se "consegue ser cidadão se se tem identidade definida. [...] Então, ao lado da valorização da identidade local tem a busca de melhorar a consciência do povo". Nesse sentido, irmão Jair considera que a Inter-FM tem contribuído para a construção da identidade individual e coletiva da população de Brumadinho, já que "valoriza a cultura local. O município é marcado por congados e reizados e a rádio tem procurado manter esta identidade que já está mais do que construída".

Quando a rádio perde sua identidade

Não é esse o pensamento de Reginaldo Mansueto, para quem a Rádio União, instalada no Aglomerado Santa Lúcia, em Belo Horizonte, não só prioriza pouco os temas que ajudam na construção da identidade, como

> [...] ela própria está perdendo a sua identidade. Quando a rádio surgiu, eram muitas pessoas envolvidas, vários programas e debates, todos buscavam coisas para a comunidade. Com o passar do tempo [...] a rádio [União] está virando uma emissora comercial.

Considera-se oportuno alertar para os riscos que as emissoras comunitárias correm de perder a sua própria identidade quando não se pautam pelos princípios norteadores do trabalho de comunicação comunitária.

O vice-presidente da Associação Comunitária dos Moradores do Bairro José Sales Barbosa, no Residencial Bela Vista, em Brumadinho, Valdeci Wander Pereira,[22] tem o mesmo posicionamento de Mansueto. Embora perceba que a Inter-FM participe e apóie eventos culturais no município, ele questiona o tratamento diferenciado que é dado a "certos acontecimentos.

---

[22] Entrevista concedida à autora em 21/01/06, em Brumadinho/MG.

Eu temo... será que é coisa elitizada?

> Se vai fazer um evento no CACI (Centro de Arte
> Contemporânea de Inhotim), todo mundo está lá di-
> vulgando. Porque um evento num bairro pobre como
> o nosso não pode todo mundo divulgar do mesmo
> jeito? Se todo mundo tem o mesmo direito...

Esse depoimento chama a atenção para outro risco inerente
ao serviço de radiodifusão comunitária: o de fechar as portas
para a expressão de segmentos comunitários marginalizados
da comunidade em geral e supervalorizar aqueles que não necessitam tanto de apoio por terem acesso a outros veículos de
comunicação. Não se pretende afirmar que eles não possam ter
visibilidade também nas rádios comunitárias, mas desde que não
ocupem o lugar de outros segmentos da população local.

A percepção dos entrevistados sobre a contribuição das rádios comunitárias ao processo de construção e revalorização das
identidades locais e culturais, assim como para o reconhecimento
social das comunidades pesquisadas, traz importantes reflexões
e articulações com o pensamento dos estudiosos da questão. Os
entrevistados afirmaram, de maneira geral, que as populações
locais têm acesso ao microfone, no sentido de poderem divulgar
informações de interesse comunitário, atividades culturais, religiosas e políticas, bem como para relatar mensagens e notícias que
contribuem para o desenvolvimento das comunidades. A essas
possibilidades somam-se as mensagens de incentivo transmitidas
pelos programadores no sentido de convocar e mobilizar as comunidades para participarem de ações coletivas que resultem no
fortalecimento da identidade, além de contribuir para o exercício
da cidadania pessoal e coletiva da população.

Mas deve-se ressaltar que a contribuição das emissoras se
dá na mesma medida da participação e da demanda populares,
o que resulta em diferentes níveis de envolvimento das rádios
comunitárias na rotina das comunidades, já que as populações
de ambas as localidades não apresentam o mesmo grau de
relacionamento com as rádios. Percebe-se que a Rádio União,
por exemplo, conta, em sua programação, com participação

maior dos moradores das vilas onde está inserida do que a Rádio Inter-FM. Questiona-se se tal situação ocorre pelo fato de a comunidade do Aglomerado Santa Lúcia encontrar-se reunida num mesmo espaço físico, além de estar próxima às instalações da rádio, ao contrário da população de Brumadinho, distribuída em vários distritos. Se essa for a razão do maior nível de participação e de envolvimento da comunidade na rotina da rádio, acredita-se, e a pesquisa dá razões para isso, que a dimensão territorial de comunidade, abordada por alguns autores, como Paiva (1998), no referencial teórico deste trabalho, ainda tem validade, o que não significa que deva ser a única a ser considerada.

Embora as avaliações sobre o papel das rádios comunitárias na construção da identidade pessoal e coletiva, feitas pelos entrevistados, terem se focado principalmente nos aspectos culturais, elas são ancoradas nos estudos das questões sociais, visto que esses evidenciam a força do local na constituição dos laços de identidade e nos símbolos das relações. Pode-se estabelecer conexão entre o foco nas questões culturais com a abordagem de Hall (1999), cujas análises focalizam a relação entre a indústria cultural e as formas de entendimento da realidade de acordo com a maneira pelas quais elas são organizadas. A discussão serve-se ainda das pesquisas de Castells (1999, p. 22), para quem a identidade constitui o processo de construção de significado com base em atributos culturais.

A pesquisa de campo atesta também a afirmação dos autores de que a construção da identidade se baseia em fontes múltiplas que contemplam as dimensões social, política, econômica, religiosa e educacional (MAIA, 1999). Da mesma forma, a opinião dos respondentes reflete a complexidade do processo de formação da identidade de uma pessoa ou grupo, justamente por sofrer a influência de diferentes fatores e condições, segundo enfatizado pela professora Rousiley Maia (1999) e Manuel Castells (1999).

No pressuposto desse último, a construção da identidade é sempre permeada pelas relações de poder, e essa se dá por três origens diferentes – identidade legitimadora, de resistência e de projeto. Pode-se inferir, à luz das reflexões desse autor, que o processo de criação das rádios União e Inter-FM é emblemático da identidade de resistência, pois elas foram criadas para combater, amenizar, contrabalançar a cultura do silêncio e a falta de canais de expressão das populações locais. Ambas as emissoras já enfrentaram problemas com a fiscalização de agentes da ANATEL. Essa análise é pertinente à própria formação do Aglomerado Santa Lúcia, que se deu a partir da construção das casas durante a noite seguida de ocupação imediata para impedir que a polícia derrubasse as construções no dia seguinte.

Culturas locais são fontes específicas de identidade

As formas de expressar em que medida a formação e a preservação da identidade são importantes para as populações mostram-se ancoradas pelos autores consultados no capítulo 3, que estabelecem paralelo entre comunidade e identidade com o local e o regional. A consideração dos respondentes com a expressão das culturas locais/grupais é vista por Castells (1999, p. 84) como inerente à relação entre o sentimento de pertencimento e os interesses comuns com o processo de formação de identidades, entendendo que as culturas locais são "fontes específicas de identidades".

Importante demonstração da preocupação dos líderes comunitários do Aglomerado Santa Lúcia com a formação da identidade do seu bairro é reforçada pelo Projeto Memória, que prevê o resgate de depoimentos, fotografias e documentos dos moradores atuais e antigos do Morro do Papagaio para reconstruir a história da "comunidade". Essa iniciativa tem ancoragem teórica em vários estudiosos que focalizam a interferência externa nas culturas locais e regionais, a exemplo de Castells, Rousiley Maia e Stuart Hall, entre outros.

Recorre-se também às considerações de Cicília Peruzzo (2003, p. 53), que evidencia que os "elos de proximidade e familiaridade ocorrem mais pelos laços de identidades e de interesses do que por razões territoriais". Da mesma forma, Ruscheinsky (1999, p. 73) empresta suas reflexões para analisar tal iniciativa, na medida em que concebe identidade como "a memória de acontecimentos da história, resistência a mudanças indesejadas [...]". Percebe-se, nessa linha de raciocínio, que a identidade reflete algo de construção de memória social e significa a representação coletiva sobre o próprio grupo, consolidando a integração. Trazendo tais reflexões para o âmbito da pesquisa, tem-se, por exemplo, a preocupação de alguns líderes, como o presidente da Associação dos Universitários do Aglomerado Santa Lúcia, de imprimir à rádio perspectiva de preservação da memória da favela, da história construída pelos moradores, da cultura local, do modo de falar das pessoas, entre outras, além do Projeto Memória.

Considera-se relevante chamar a atenção para a demonstração de Adriana Regina, de Brumadinho, de apreço pela "comunidade" Sapé, onde mora, bem como satisfação pelo fato dos moradores mais antigos passarem a ter orgulho de sua raça negra, graças à influência da nova geração de jovens locais. Percebeu-se o mesmo orgulho em Antônio Cambão que, durante a realização da entrevista à autora, fez questão de mostrar no jornal da cidade a foto de alguns moradores da sua "comunidade" de Marinhos, também de negros. A relação estabelecida entre a questão racial e a constituição da identidade, verificada na localidade onde funciona a Rádio Inter-FM, corresponde às questões analisadas em O poder da identidade, por Castells (1999).

Reconhecimento que traz respeito e inclusão social

Mesmo sem considerar questões de vaidade que possam despertar ou intensificar o desejo por reconhecimento, uma visão mais ampla permite constatar que ser destacado por qualquer veículo de comunicação – como dar entrevistas, participar de programas de rádio, sair nas páginas de jornal, ou ver sua imagem exibida na tela da televisão, cinema ou computador – deixa satisfeitos os moradores de regiões ou locais marginalizados. Acredita-se que tais oportunidades sejam relevantes para o ser humano em geral e não apenas para os que vivem nessas condições.

Segundo enfatizaram os entrevistados, ao participar de programas nas rádios eles se sentem não apenas integrantes, mas também em evidência na sua "comunidade" e considerados pelo trabalho que realizam. Da mesma forma se sentem aqueles que recebem um cumprimento ou simplesmente têm o nome citado nas rádios. Constata-se, portanto, que o reconhecimento se dá duplamente, ou seja, de quem dá depoimento à rádio e também do ouvinte que recebe um "abraço radiofônico".

A partir do depoimento dos líderes entrevistados nas duas "comunidades", percebe-se que a emissora radiofônica comunitária ajuda as pessoas a serem conhecidas e reconhecidas pelos seus circunvizinhos. Isso lhes garante mais do que consideração, mas também lhes assegura respeitabilidade por serem reconhecidas como membros da "comunidade" e por merecerem destaque no principal meio de comunicação local. Da mesma forma, os líderes das localidades periféricas de Brumadinho sentem-se integrados à vida municipal, já que a rádio os coloca em contato com a população urbana, transmite sua cultura e reforça seus laços com a "comunidade".

A rádio comunitária é o desejo de valorização da comunidade

É esse também o entendimento de Juvenal Lima Gomes, ao destacar que a Rádio União valoriza as pessoas da comunidade.

> A auto-estima delas vai às alturas. Poder falar na rádio e ser ouvida pelos seus conhecidos e não-conhecidos... Isso é uma mágica da rádio comunitária e só sendo comunitária que ela consegue fazer [...] A rádio é a expressão do desejo de valorização da comunidade. Ela é criada com esse intuito... de ser a expressão da "comunidade".

As ponderações de Gomes encontram eco no depoimento de Adriana Regina Braga Silva, integrante da comunidade negra Sapé, localizada a cerca de 30 km do centro de Brumadinho. Ela entende que, ao ser citada ou dar entrevistas à rádio "a pessoa se sente menos desvalorizada, pois vê que não se esqueceram dela".

Antônio Cambão tem a mesma percepção de Adriana Silva, de que a Inter-FM garante reconhecimento a quem fala por meio dela. Primo de Adriana, ele já foi entrevistado por essa emissora sobre o Festival da Canção, que ajuda a organizar e sobre a promoção de festas religiosas de Marinhos, a comunidade onde mora. Suas considerações destacam ainda o forte sentimento de comunidade refletido por essas festas, que unem as pessoas de várias localidades.

A psicóloga Rita de Cássia, também de Brumadinho, analisa os efeitos do reconhecimento proporcionado pela rádio comunitária sobre a população. "A partir do momento em que as pessoas me dão o retorno de que me ouviram, eu me sinto uma representante, uma liderança, uma porta-voz". Percebe-se que o reconhecimento, mais do que satisfação, traz também certo grau de responsabilidade.

Um programa levado ao ar nas madrugadas pela rádio União foi o ponto de partida para a formação do líder comunitário Marcos Guimarães, presidente da Coopernossa. Segundo suas próprias palavras, hoje ele é "conhecido aqui na comunidade e em outros lugares da Região Metropolitana de Belo Horizonte... mesmo estando afastado da rádio, as pessoas me reconhecem como um locutor. O meu clã de amizade cresceu e a rádio facilita coisas pra gente".

A elevação da auto-estima de quem fala na rádio é destacada ainda por Reginaldo Mansueto, morador do Aglomerado Santa Lúcia, que se lembrou de várias pessoas que se sentiram satisfeitas não apenas por darem depoimentos à emissora, mas também por serem citadas por ela. Mansueto acrescenta que, às vezes, quem vai à rádio dar entrevistas, um dia antes avisa aos vizinhos, amigos e parentes para sintonizarem a rádio e ouvirem seus depoimentos.

> Isso tira as pessoas do anonimato. Muitas pessoas no Aglomerado fazem trabalhos manuais – pintam, esculpem em argila, bordam ou realizam outras artes –, mas permanecem escondidas. Para elas é muito importante outras pessoas conhecerem suas habilidades.

Outra forma de reconhecimento proporcionada pela rádio comunitária se dá com a prestação de contas de dirigentes de entidades organizadas pela sociedade civil. O presidente da Associação União Comunitária da Barragem Santa Lúcia, Davi Rogério do Amaral, que comparece a cada três meses à emissora para apresentar as atividades desenvolvidas no período e para fazer o balanço do caixa, explica que "você passa a ser uma pessoa bem vista ... qualquer pessoa que for à radio para apresentar um projeto passa a ser uma pessoa vista como mais importante, com mais respeito e confiança".

Quando você interage, reconhece a importância

Já a representante dos trabalhadores na Secretaria Municipal de Saúde de Brumadinho, Rosa Elane Alves Dias, analisa a questão com base na maior divulgação de ações voltadas para a coletividade.

> É uma forma de a gente 'pegar' os trabalhadores. Mesmo que eles não venham à reunião, no sábado de manhã eles ouvem no rádio. Eu achei muito legal, não pelo fato de reconhecer, mas pela adesão ao nosso movimento.

É também pelo alcance da freqüência radiofônica que irmão Jair, de Brumadinho, analisa o reconhecimento proporcionado pela rádio, ao considerar o elevado número de ligações telefônicas recebidas ao vivo pelos jovens quando estão realizando o programa da Igreja Católica. "O povo realmente interage. Então, quando você interage, você reconhece a importância".

As opiniões dos líderes entrevistados do Morro do Papagaio e do município de Brumadinho sobre tal reconhecimento mostram afinidades com as considerações dos autores que compõem o referencial teórico deste trabalho. As próprias condições de vida e as estratégias de sobrevivência e de vida em comum, definidas pelas pessoas que vivem tanto em vilas e favelas quanto pelas que moram em áreas rurais, confirmam as reflexões de Pereira da Silva (2000) e Honneth (1995), que enfatizam, por exemplo, que nas diversas formas de relações sociais e legais, o reconhecimento se dá pelas instâncias do amor e da amizade, pelo direito e pela solidariedade.

A busca pela efetiva realização dessas instâncias transforma-se em instrumentos de luta dessas populações e norteia as práticas e relações dos líderes pesquisados com suas comunidades, como se pode perceber a partir da argumentação desses, que evidenciam a existência de uma rede de solidariedade. Tais afirmações podem ser relacionadas aos depoimentos de alguns entrevistados, como por exemplo, o ex-presidente da Rádio União, Ednei Alves, ao lembrar o uso dos catataus – bilhetes anônimos que denunciam determinados fatos ou situações estrategicamente deixados por moradores do Aglomerado Santa Lúcia em locais previamente definidos para serem divulgadas pela emissora. Essa estratégia era utilizada no passado, geralmente para denunciar a ação de grupos ligados ao tráfico de drogas.

Como se viu no capítulo 3, a perspectiva de Honneth se baseia no fato de que as lutas por reconhecimento geralmente são motivadas pelo desrespeito, demonstrado, por sua vez, pela exclusão, pela negação de direitos, pela depreciação e pelo insulto, entre outras formas. Como demonstrado na pesquisa de campo, esses sentimentos são evidenciados por alguns dos entrevistados, entre os quais se destaca Adriana Regina Braga, da comunidade negra do Sapé, localizada em Brumadinho.

Ações coletivas ampliam padrões de reconhecimento

Se se estender o sentimento exposto por Adriana, ou seja, o desejo de valorização, a um contingente maior de pessoas, chega-se às reflexões de Pereira da Silva (2000) e Honneth (1995) sobre a movimentação da sociedade civil motivada pelas experiências de desrespeito e de violência. Os autores acreditam que vem daí o potencial para uma ação coletiva que busca ampliar os padrões de reconhecimento. Infere-se, portanto, que os próprios movimentos sociais, inclusive o das rádios comunitárias, refletem o desejo coletivo de reconhecimento social de grupos – cada vez maiores – que desejam ter suas demandas consideradas e atendidas.

A discussão de tal questão é ampliada por Jessé Souza (2000) e possibilita introduzir o movimento das rádios comunitárias no contexto de reflexão sobre a luta social por reconhecimento. As ações pela legalização das emissoras comunitárias buscam legitimar a busca por formas alternativas de livre expressão, pelas quais a população não apenas terá acesso a informações mais diretamente ligadas aos seus interesses como poderá se transformar em agendadoras do debate público local / comunitário. Desse modo, a noção de reconhecimento pode ser ampliada, não sendo mais restrita a pequenos grupos e segmentos da comunidade por abarcar o conjunto de segmentos da localidade.

Essas considerações possibilitam introduzir os estudos de Arendt (1958, p. 68), que vê a esfera pública como o espaço em que o sujeito tem reservada a possibilidade de conseguir o verdadeiro reconhecimento, já que "o homem privado não se dá a conhecer, e, portanto, é como se não existisse". Entende-se que essa é a síntese da percepção de alguns entrevistados quanto às razões que os levam a se sentirem satisfeitos ao participarem de entrevistas nas emissoras comunitárias. Tais perspectivas balizam os depoimentos de todos os líderes entrevistados, que reforçam a importância adquirida pela pessoa que dá entrevista às rádios comunitárias.

A análise da demanda por reconhecimento deve compreender ainda a estreita relação dessa dimensão com os conceitos de comunidade e cidadania, como propõe Josué Pereira da Silva (2000), ao estabelecer interseção entre tais conceitos. Essa proposição pode ainda ser acompanhada, na prática, pelos resultados da pesquisa de campo deste estudo, na medida em que os próprios respondentes mesclam suas reflexões sobre a cidadania e a busca por reconhecimento.

Isso pode ser percebido, por exemplo, no depoimento do presidente da Associação dos Universitários do Aglomerado Santa Lúcia, Juvenal Gomes, que entende que a emissora valoriza as pessoas do Morro do Papagaio, pelo fato de que a "rádio é o desejo de valorização da comunidade". Igualmente, o presidente da Cooperativa de Costureiros da mesma localidade, Marcos Guimarães, entende que ao conceder entrevista à rádio a pessoa se sente bem, pois "ela foi ali prestar um serviço, ela vai ter o seu reconhecimento, [ela será olhada] não só com mais respeito, mas também [a comunidade] passa a acreditar mais naquela pessoa".

A relevância perante a comunidade do que é divulgado pela mídia, conforme enfatizado por todos os respondentes, tem igualmente amparo teórico nos estudos do radialista José Ignacio López Vigil (2003). Na perspectiva do pesquisador cubano, os depoimentos dos respondentes reforçam a inter-relação entre o conceito de cidadania, o reconhecimento e a reconfiguração das esferas públicas pelas emissoras comunitárias, sobretudo quando ele ressalta que os meios de comunicação legitimam o que divulgam, na medida em que eles têm credibilidade popular. O significado de dar depoimentos e entrevistas às rádios pode ser exemplificado com base na argumentação de vários entrevistados das duas comunidades pesquisadas, incluindo os líderes comunitários e os locutores.

Rádio comunitária e comunidade: a busca pela alteridade

A relação estabelecida entre a emissora radiofônica comunitária e a comunidade na qual está inserida, como se verá, é caracterizada pelo dinamismo da própria comunidade, marcada pela sua origem histórica, pelo contexto e pelos contatos que mantém com o ambiente macro do qual faz parte. Embora sejam bem demarcadas algumas diferenciações, percebe-se a força imperiosa das relações humanas nas esferas sociais, econômicas, políticas e culturais, o que as torna semelhantes quando se constata a necessidade de se respeitar o indivíduo e a oportunidade de aprender com as vivências de cada grupamento social.

Ao contrário dos entrevistados do município de Brumadinho, os moradores do Morro do Papagaio reclamaram da mudança da proposta da Rádio União nos últimos anos, o que a deixou mais distante da população. Na opinião do presidente do Conselho Comunitário das Vilas Estrela, Santa Rita e Barragem Santa Lúcia, Reginaldo Mansueto Luiz, "com o passar do tempo,

> [...] ela está virando uma rádio comercial. [...] Não ganha dinheiro, mas deveria estar buscando mais coisas; antes ela trabalhava mais na comunidade, tinha até repórter... está faltando o pessoal sair para as ruas.

Tal modificiação, para ele, fez com que a emissora perdesse sua identidade comunitária.

Embora reclame que a rádio dê mais espaço para a música do que para a troca e a circulação de informações diretamente ligadas à "comunidade", o líder percebe que a emissora abre espaço para músicos pouco conhecidos, o que é também considerado por ele como ajuda da emissora à população local. É compreensível essa dosagem de contradição no depoimento de Reginaldo, na medida em que ela reflete como são amplas e diferenciadas as demandas da "comunidade" a uma rádio comunitária.

Outras lideranças criticam a atual política da Rádio União, como a pastora Elizabeth, da igreja Quadrangular, que afirma ter sido alvo de comentários difamatórios de locutores da rádio. Ela desaprova a falta de critérios em se averiguar o que é transmitido aos ouvintes, permitindo que cada locutor chegue no estúdio e coloque o que quiser no ar. Já o padre Mauro reclama principalmente do linguajar desrespeitoso e, às vezes, ofensivo dos locutores. Mas ele também já foi alvo de informações equivocadas divulgadas pela equipe da Rádio União.

Contribuições da Rádio Inter-FM

Ao analisarem a ajuda que a Inter-FM já assegurou à comunidade de Brumadinho, os líderes ressaltaram principalmente a divulgação de eventos e campanhas da área de saúde, além da solicitação de músicas. Embora não tenha sido incluída pelos entrevistados, sabe-se que foi providencial a ajuda da Inter-FM para manter a população da região bem-informada sobre medidas de segurança e a mobilização dos moradores por ocasião das enchentes provocadas pelas chuvas, em janeiro de 1997. Além dessas, numa iniciativa própria, há seis anos ela consegue ajuda de 20 cestas básicas mensais para famílias carentes do município.

Mais cuidadoso em sua análise, irmão Jair lembra que essa emissora coloca a "comunidade" a par dos acontecimentos da cidade, mas aponta que ela poderia contribuir para maior conscientização política.

> Nós estamos numa cidade do interior que é fortemente marcada pelo contexto político. Quem manda é quem está no poder. Então, a rádio poderia libertar-se do poder municipal e fazer com que as pessoas tivessem consciência crítica da administração local.

Semelhante análise faz o vice-presidente da Associação Comunitária dos Moradores do Bairro José Sales Barbosa, no Residencial Bela Vista, em Brumadinho, Valdeci Wander Pereira, ao lembrar que a Inter-FM já garantiu "tímidas" contribuições ao município, como, por exemplo, a divulgação de gincanas e campanhas de doação de sangue. Mas ele se mostra bastante ressentido com a equipe da rádio, que não enviou nenhum representante à inauguração da Escola de Informática e Cidadania (evento ocorrido no mesmo dia da realização da entrevista à autora deste trabalho), que tem por objetivo ministrar cursos de informática e outras atividades para ajudar a "comunidade" a se desenvolver social e economicamente.

Hoje senti na pele... Senti falta de alguém da Inter para participar de um evento tão importante para a nossa comunidade. [...] A Rádio Alternativa estava presente (emissora comunitária não autorizada, também instalada em Brumadinho).

Contribuições da Rádio União

Estão mais gravadas na memória dos programadores da Rádio União do que na dos próprios moradores as iniciativas empreendidas pela emissora do Aglomerado Santa Lúcia para ajudar a comunidade. Os locutores relembram, por exemplo, a implementação da campanha "Viva a vila, viva a vida", promovida com o propósito de pressionar a Prefeitura de Belo Horizonte a construir uma passarela na entrada do Aglomerado. Além dessa, Marino Santana cita as campanhas SOS para os irmãos Wesley e Fernanda e para o motorista Jairo, que apresentavam problemas de saúde.

Já o padre Mauro apontou a parceria da emissora na realização do Kit de Sobrevivência do Favelado, que, segundo ele, foi bem-aceito pela população. Esse kit foi produzido com a finalidade de orientar a população local sobre que medidas tomar em caso de tiroteio na favela, a que órgãos recorrer em situações de emergência, como morte, internações médicas e enchentes provocadas por chuvas, entre inúmeras outras.

Na opinião de Reginaldo Mansueto, a Rádio União poderia se envolver mais na comunidade, realizando projetos de interesse coletivo, como, por exemplo, fazer acordo com supermercados, mercearias e padarias para reduzir o preço de produtos da cesta básica de alimentação. Ele considera que a emissora do seu bairro tem demonstrado pouca preocupação com a comunidade e reclama que "a gente perde muito, por saber que tem uma rádio comunitária [...] que não está ajudando a comunidade". Mansueto sugere que a emissora realize mais entrevistas com os moradores do Morro do Papagaio. Outros líderes enfatizaram, em contrapartida, que a emissora incentiva a população a participar de reuniões para decidir as obras a serem votadas no Orçamento Participativo e outras que discutem questões ligadas ao cotidiano do Morro do Papagaio.

A análise dos líderes sobre as principais funções de uma rádio comunitária e de que forma se dá a sua relação com a "comunidade" trouxe ricas reflexões para esta pesquisa. Para o locutor da Rádio União, Marino Santana, o veículo tem o papel de "comunicar e dar voz aos excluídos [...] para que elas (as pessoas) façam uso do microfone, abrindo os olhos e os caminhos daquelas pessoas [...]". Por outro lado, o padre Mauro discute "o mito neutralidade" no cotidiano das emissoras comunitárias.

> Acho que a rádio não é instrumento de mídia, neutro e fora da nossa realidade. Ela é da nossa realidade. Se ela não fizer isso, o Beco das Bananeiras vai cair e pode cair em cima da antena dela. Ela está misturada.

Diferentemente de Mansueto, a representante do SUS em Brumadinho, Rita de Cássia Costa da Silva, considera que a Inter-FM abre espaço para a comunidade na programação da emissora, mas entende que o norte dos programas vai sendo dado na medida da participação de cada um. Ela afirma que o fato de as pessoas trazerem suas sugestões não significa que "a rádio seja solta, que se discute lá qualquer coisa. Mas ela é muito aberta para as questões das pessoas, e acho que isso vai imprimindo um certo caráter à rádio".

A relação deve ser de mão dupla

Como ouvinte da rádio comunitária do Aglomerado Santa Lúcia, Davi Amaral percebe que há boa relação de troca entre a emissora e a "comunidade", na medida em que os moradores permanentemente informam a rádio sobre os seus problemas e buscam ajuda para resolvê-los. Essa é também a linha de raciocínio da presidenta do Centro de Defesa Coletiva da Vila Santa Rita de Cássia, Patrocínia Alves da Cruz Fulgêncio, que chama a atenção para o fato de que a comunidade também deve fazer a parte dela. Mas ainda assim ressalta que a "comunidade" "tem dificuldade, tem carência de entender, de dar confiança para o que estão falando. Até a gente, que é líder comunitária, encontra dificuldade para incentivar o pessoal a participar". Ela explica que não pode falar mal da rádio, "porque o que ela pode fazer, ela faz. Depende também da comunidade que, às vezes, é devagar".

Oportuno mencionar que o depoimento de Amaral despertou a atenção da autora deste trabalho pelo fato de ele ter repetidamente destacado os benefícios e as contribuições da rádio ao desenvolvimento da "comunidade" do Morro do Papagaio. Ficou clara a preocupação do líder, ou por temer desagradar à equipe da Rádio União, pelos laços de amizade que os unem, ou pelo receio de perder o espaço de divulgação de mensagens da associação da qual é presidente.

A necessidade de haver boa inter-relação entre programadores das emissoras comunitárias e a população foi enfatizada por vários respondentes. O pastor José Ricardo Gonçalves Santana, da Igreja Batista Nacional Ebenezer, acredita que a Inter-FM e a "comunidade" de Brumadinho, de forma geral, mantêm boa relação, mas percebe que isto se dá especialmente por meio de telefonemas e comentários dos ouvintes sobre questões destacadas pela emissora. A despeito disso, ele acredita que "a 'comunidade' está bem servida". Apesar de não ser ouvinte assíduo da Inter-FM, o religioso afirma saber que a população de Brumadinho gosta da emissora, já que, como desempenha também a função de barbeiro no centro da cidade, conversa muito com as pessoas e conhece a opinião delas sobre a rádio.

Já a representante dos trabalhadores na Secretaria Municipal de Saúde de Brumadinho, Rosa Elane Alves Dias, considera positivo o fato de os locutores da Rádio Inter-FM serem naturais do próprio município. Ela cita como "bacana" o fato de o agente da emissora enviar abraços para certos ouvintes, o que caracteriza vínculo de proximidade ou de amizade com as pessoas.

A sociedade se constrói em comunidade, pela ajuda mútua

A participação das comunidades na gestão das emissoras radiofônicas comunitárias é defendida por irmão Jair, de Brumadinho, que considera "talvez perigoso só uma pessoa administrando-a. Se é comunitária, a "comunidade" deveria fazer parte da administração, mas é claro que tem que ter alguém à frente". Embora sugira a criação de mais espaço para que a comunidade assuma a responsabilidade sobre a Rádio Inter-FM, ele acredita que o povo deve ser provocado nesse sentido. "Quando se provoca na comunidade a consciência de que a sociedade se constrói em comunidade, em ajuda mútua, o povo abraça a causa".

A afirmação do religioso encontra eco no mesmo município. Ao refletir sobre a atuação e as obrigações de uma rádio comunitária, Valdeci Pereira, pontua que "na rádio comunitária a comunidade deve participar de tudo [...] toda a programação tem que ser interativa". Ele explica que não sabe dizer se a população de Brumadinho colabora na gestão da Inter-FM, mas sabe que "participa de forma interativa, pela rádio... [...] telefonando... participam pedindo música, dando entrevista".

Esse entendimento se contrapõe à convicção do presidente da emissora comunitária, Leci Strada, para quem a comunidade não está interessada nos problemas e dificuldades da rádio. Ele acredita que

> [...] isso não funciona e alguém tem que tocar o projeto. Não existe sucesso em nada de atendimento à comunidade que seja gerido pela própria comunidade. Ela está mais preocupada com o bônus e não com o ônus.

Para explicar essa percepção, Strada conta que durante uma crise financeira da emissora ele fez campanha solicitando ajuda de R$ 5,00 à população de Brumadinho, mas infelizmente só conseguiu pouco mais de R$ 1.000,00, numa população urbana estimada em mais de 19.000 pessoas.

Entende-se que esse fato seja oportuno para a direção da Inter-FM analisar a relação existente entre a emissora e a comunidade de Brumadinho. Depreende-se daí o pouco engajamento da comunidade no cotidiano da rádio, até mesmo na solução de problemas e desafios enfrentados pela emissora para a realização de seu trabalho.

Leci Strada reclama da difícil situação das emissoras comunitárias autorizadas pelo Ministério das Comunicações, uma vez que enfrentam dificuldades justamente por serem obrigadas a obedecer a legislação, que, em sua opinião é restritiva.

> [...] Você não consegue fazer a rádio num nível que você gostaria [...] é um absurdo, porque o pessoal autorizado deveria ditar as ordens. E eu sou obrigado a acompanhar as outras, porque eu sou um, e eles são três.

Strada faz um programa de 9 às 13 horas, de segunda a sexta-feira, em que comenta as principais notícias divulgadas pelo principal jornal do Estado. Ele sabe que os mais jovens não o acompanham nesse horário, ao contrário das donas de casa e de outros adultos. Dada a boa aceitação do programa, várias pessoas até deixaram de comprar o jornal para acompanhar as notícias pela rádio.

> A minha intenção era ter mais programas de prestação de serviços [...], mas chega uma hora que eu também tenho que fazer um pouco do que as outras fazem, porque senão não consigo apoio cultural.

Esse desabafo do dirigente abre espaço para que se ressalte a necessidade das rádios comunitárias terem clareza do seu papel social. Sabe-se que essa área é permeada de contradições, pois são muitos os elementos e os desafios a serem considerados e transpostos no cotidiano. Mas não é aceitável que, em nome das dificuldades inerentes à realização desse serviço, sejam ultrapassados os princípios que regem a radiodifusão comunitária. Questiona-se se não há outras formas de se conquistar e manter o interesse dos ouvintes com uma programação voltada para temas de interesse coletivo e que contribua para o desenvolvimento socioeconômico, cultural e intelectual da comunidade. Não significa dizer que a divulgação de conteúdo musical não seja uma forma de valorização cultural e identitária.

Da mesma forma, o presidente em exercício da Rádio União, Urbano de Souza, reclama da legislação que regulamenta o setor, que, com exigências "tão absurdas, dificultam ao máximo a vida das emissoras comunitárias. Não é possível trabalhar com uma potência de 25 watts em regiões com tantos morros". Ele explica que a Rádio União recebeu concessão para funcionar como emissora comunitária há quatro anos, mas rejeitou a autorização justamente pela baixa potência permitida pela legislação. "Nós preferimos continuar a operar sem autorização para podermos atingir uma área bem maior, pois operamos hoje com potência de 250 watts", explica. Infere-se se essa decisão da equipe da Rádio União pode ser entendida como um reflexo do rigor e da inadequação da lei que regulamenta o serviço de radiodifusão comunitária diante das necessidades e do potencial de tais emissoras.

Relação entre rádio comunitária e comunidade

A relação estabelecida entre rádio comunitária e comunidade, bem como o sentido comunitário dado a tais emissoras pelos programadores e líderes das comunidades investigadas podem ser examinados à luz das abordagens teóricas trabalhadas neste livro. Tal entendimento está estreitamente relacionado com as culturas e especificidades de cada localidade, embora seja possível identificar pontos comuns na visão de comunidade dos entrevistados, como se verá a seguir.

Como evidenciado na pesquisa, é intensa a ligação dos respondentes com as populações e seus lugares de moradia. De forma geral, eles se sentem comprometidos com o desenvolvimento das localidades, assim como com o bem-estar dos moradores. Embora o sentido tenha sido mais evidenciado pelos entrevistados do Aglomerado Santa Lúcia, que afirmaram alimentar constantemente a Rádio União com notícias relacionadas às entidades e atividades que desenvolvem – acredita-se que isso ocorra pelo fato de estarem todos reunidos na mesma "comunidade" –, ele é verificado também nos depoimentos dos líderes de Brumadinho, que moram em pequenos distritos rurais do município.

A relação de proximidade detectada na pesquisa é contemplada por Richard Sennett (1999, p. 165), segundo o qual "o lugar se torna uma comunidade quando as pessoas usam o pronome nós", o que pressupõe ligação particular. Tais considerações remetem ao pensamento de Raquel Paiva, (1998, p. 80), que, apesar de criticar a visão limitada de alguns teóricos quanto à noção de comunidade, leva em conta a visão do território quando se discute a composição da identidade do cidadão. Percebe-se que a noção de comunidade está fortemente presente nos depoimentos dos líderes de ambas as localidades pesquisadas, na medida em que consideram, por exemplo, a importância das festas religiosas e comunitárias para a união dos moradores.

A despeito de considerarem relevante o papel das emissoras comunitárias no desenvolvimento socioeconômico e cultural de suas comunidades, alguns líderes reclamaram tanto do excesso de conteúdo musical quanto da pouca atenção às questões de interesse comunitário, aspectos apontados por Reginaldo Mansueto, do Aglomerado Santa Lúcia, assim como da cobertura privilegiada de determinados eventos, destacada por Valdeci Pereira, de Brumadinho. Esses problemas são discutidos por Valdir Oliveira, no texto "A reconfiguração do espaço público nas ondas das rádios comunitárias" (2000), ao considerar que, ao lado de experiências vitoriosas de funcionamento de rádios comunitárias existem aquelas que se transformam em cópias do modelo radiofônico comercial.

Ele acredita que tal situação seja decorrente da falta de formação das pessoas que atuam nas rádios, o que dificulta a implementação

> [...] de um espaço comunicativo criador e verdadeiramente democrático onde estejam presentes a pluralidade de opiniões e de informações e os transparentes compromissos comunitários e coletivos.

Ao mesmo tempo, a mesclagem da programação com maior espaço dedicado a músicas é vista como estratégica, como se constatou na análise da pesquisa na Rádio Inter-FM, em Brumadinho, que adotou tal medida para não perder a audiência em função da preferência de boa parte da comunidade por conteúdos musicais.

Entende-se que a música é uma das formas de expressão das pessoas, independentemente do seu nível socioeconômico e cultural, razão pela qual ela é importante componente da grade de programação das emissoras radiofônicas. Mas o conteúdo musical não deve ocupar o espaço de outro tipo de item, principalmente o informativo, especialmente nas rádios comunitárias, que, conforme destaca Vigil (2003, p. 450), têm vocação jornalística e a responsabilidade de, por intermédio da informação, contribuir para formar a opinião pública e a consciência crítica da população.

Acredita-se que a predominância de música nas transmissões das rádios comunitárias não seja em decorrência de "buracos" na grade de programação, já que, de forma geral, as comunidades demonstram interesse em participar da programação dessas emissoras. A discussão é oportuna e, novamente, resgata as reflexões de Vigil (2003) sobre a existência, em certos veículos de comunicação comunitária, da Ouvidoria do Ouvinte, serviço público de defesa do ouvinte, uma espécie de "sistema para controlar a qualidade da oferta radiofônica, para garantir a ética e a estética dos programas, bem como a seriedade jornalística dos espaços informativos" (p. 458).

A participação popular na gestão das emissoras comunitárias é abordada por Valdir Oliveira em entrevistas[23] concedidas à autora desta pesquisa. Contrariando as opiniões da maioria dos respondentes,[24] que também não demonstraram consenso em suas considerações, Oliveira sugere que a questão seja analisada sem romantismo e com olhos mais voltados à realidade diária das emissoras. Ele entende que a exigência da participação da comunidade na administração das rádios comunitárias deve ser repensada pelos teóricos da área sem a "visão heróica" dessas emissoras radiofônicas como modelo de poder horizontalizado.

Ao mesmo tempo, os depoimentos dos entrevistados quanto ao papel a ser desempenhado pelas rádios comunitárias mostram sintonia com o conceito dos estudiosos do setor, sobretudo quando colocados em paralelo às reflexões de Peruzzo (1999a), Cogo (1998) e da Associação Mundial das Rádios Comunitárias (AMARC), destacadas no capítulo 3 deste estudo. O consenso é percebido com mais clareza nos depoimentos de Marino Santana e de Reginaldo Mansueto, ambos da Rádio União, em Belo Horizonte, e de Rosa Elane e irmão Jair, ouvintes da Rádio Inter-FM, e também na crítica de entrevistados quanto à falta de espaço para a comunidade participar da condução da emissora.

Expressão e debate na esfera pública radiofônica

Ao entrevistar os líderes das duas localidades foi-lhes solicitado que imaginassem as rádios de suas comunidades como sendo praças públicas onde as pessoas se encontram

---

[23] Entrevistas realizadas nos meses de julho e outubro de 2005.

[24] Entre os quais destacam-se o presidente da Associação dos Universitários do Aglomerado Santa Lúcia, do padre e do presidente da Coopernossa, do Morro do Papagaio, e do vice-presidente da Associação Comunitária dos Moradores do Bairro José Sales Barbosa, no Residencial Bela Vista, e do pastor da Igreja Batista Nacional Ebenezer, em Brumadinho.

e dialogam sobre temas e questões de interesse coletivo. Em seguida foi-lhes perguntado se as rádios promovem tal diálogo, se contribui para que as pessoas participem da vida da comunidade e, em caso afirmativo, em que medida isso ocorre.

Independentemente dos diferentes níveis de compreensão da analogia implícita nessa questão, os respondentes demonstraram sensibilidade ao perceberem que a rádio exerce relevante papel na ocupação dessa "praça", seja informando as pessoas sobre os acontecimentos, seja mobilizando-as em torno de uma questão ou provocando questionamentos. Os depoimentos revelam que os setores mais críticos da "comunidade" percebem que as rádios devem ter atitude de vigília ao que é divulgado e ao conteúdo das informações veiculadas pelos locutores, líderes e outros convidados.

Embora teça críticas à atual diretoria da Rádio União, por exemplo, quanto à linha de trabalhos implantada e ao tipo de programação veiculada, Marcos Guimarães, da Coopernossa, do Aglomerado Santa Lúcia, entende que a emissora facilita o diálogo entre os moradores e entre estes e os representantes de órgãos e equipamentos sociais instalados na "comunidade". "A própria rádio faz parte das mudanças da comunidade, porque ela promove debates e discussões para que as coisas consertem e participa das eleições da comunidade", afirmou.

Da mesma forma, Davi Amaral, do Aglomerado Santa Lúcia, mostra-se satisfeito com o papel da União na reconfiguração da esfera pública local. Ele ponderou que a rádio

> [...] é uma segunda associação de moradores. A associação, quando a gente tem problema, reúne aqui pra discutir. A rádio também reúne as pessoas pra discutir os problemas da comunidade.

Amaral enfatiza que, além de divulgar as reuniões do Orçamento Participativo,[25] a Rádio União "senta junto com a comunidade prá discutir o que nós vamos apresentar para o Orçamento Participativo (OP)".

Reginaldo Mansueto, da mesma localidade, contrapõe as afirmações de Davi, pois entende que a emissora

> [...] não incentiva o pessoal a participar do OP. Isso é importante para a "comunidade". No Aglomerado a gente tem poucas obras porque vão poucas pessoas nas reuniões do OP; a gente tem uma rádio dentro do Aglomerado e não consegue pessoas pra participar das reuniões.

Mansueto ponderou que as pessoas da rádio estão pouco voltadas para as coisas do dia-a-dia da "comunidade".

> As pessoas que estão lá são muito inteligentes, têm capacidade, mas estão muito recolhidas, não buscam informação. Acham que têm a rádio e é só chegar lá e tocar música, fazer o comercial e não participar da comunidade.

Acredita-se que tal posicionamento deva ser repensado, na medida em que a rádio comunitária não substitui o trabalho de mobilização e organização da "comunidade", função atribuída às associações representativas de moradores. A emissora comunitária canaliza, estimula, dá repercussão aos fatos, embora deva atuar, como ressaltado por vários líderes, de forma integrada com a comunidade na qual está instalada. A análise de Mansueto tem proximidade com a reflexão de irmão Jair, que não percebe o quanto a Inter-FM facilita o diálogo entre os moradores. Apesar disso, o religioso considera que a emissora mantém a população bem-informada sobre os acontecimentos do município e que está presente nos momentos importantes da comunidade.

---

[25] Programa em que a própria coletividade define as obras prioritárias para a comunidade, a serem construídas/instaladas com parte da verba municipal.

Ir à rádio e deixar claro o pensamento da comunidade

Já o vice-presidente da Associação Comunitária dos Moradores do Bairro José Sales Barbosa, do Residencial Bela Vista, do mesmo município, Valdeci Wander Pereira, mostra-se mais cauteloso ao analisar a participação da rádio da sua "comunidade" na construção de uma esfera pública local.

> Talvez deveríamos evoluir até chegar nesse ponto... nós irmos lá e deixarmos claro o nosso pensamento, nossas vontades, nossos desejos, e a rádio nos ouvir como tal; ela sabendo que nós temos o direito disso... Nós é que devemos determinar o que deveria ser feito.

Quando questionado porque a "comunidade" não toma tal posicionamento, Pereira esclarece que

> [...] falta informação mais ampla daquilo que é de direito da comunidade. A sociedade não sabe o que é... o que é dever nos é imposto, mas o que é direito é omitido de nós. [...] A rádio comunitária deveria ser nossa, do povo, nós é que devemos determinar isso e aquilo... acho que não acontece.

Ele acredita que se estiver bem-informada sobre o que é e como deve funcionar uma rádio comunitária, a população certamente usufruirá dos seus direitos e participará mais da rotina de trabalho da emissora. Pensamento semelhante tem o pastor José Ricardo Gonçalves Santana, também de Brumadinho, que sugere que a equipe da Rádio Inter-FM realize uma campanha de esclarecimento aos moradores de que ela é emissora comunitária. Ele acredita que, consciente de que a rádio é do povo, a população terá mais interesse em participar do dia-a-dia da emissora.

As reflexões de Valdeci Pereira e do pastor José Ricardo reforçam o pensamento de irmão Jair, também de Brumadinho, que acredita que a "comunidade" deve ser provocada para deixar despertar em si a responsabilidade que tem sobre a vida da rádio comunitária. A relação de mão dupla entre a "comunidade" e a emissora comunitária é igualmente ressaltada pela presidenta do Centro de Defesa Coletiva da Vila Santa Rita de Cássia, no Aglomerado Santa Lúcia, Patrocínia Alves da Cruz Fulgêncio. Ela enfatiza que a relação da rádio com a população "depende também da comunidade".

Embora entenda que a Rádio União tenha potencial para desempenhar relevante papel na ocupação da esfera pública no Aglomerado Santa Lúcia, Juvenal acredita que a divisão de horários de programas de acordo com a faixa etária ou segmentos (sistema seguido pela emissora) pode comprometer a ampla circulação de informações na "comunidade" como um todo. É fato que o excesso de segmentação de audiência em emissoras radiofônicas pode resultar também na desarticulação política da comunidade na qual está inserida. Infere-se, portanto, que deve ser outro o modelo a ser instituído pelas rádios comunitárias. Evidentemente não existe um modelo previamente definido que se adeqüe a todas as emissoras comunitárias, devendo cada uma construir o seu, de acordo com o perfil e as necessidades da comunidade de ouvintes.

Reginaldo Mansueto também vê a Rádio União

> [...] como um canal de informação de problemas sociais, uma vez que quando determinada rua está com problema ela [a rádio] exige que a autoridade pública tenha maior zelo [...], ela aproxima a comunidade dos problemas da própria comunidade.

Em sua percepção, é exatamente nos momentos

> [...] em que as pessoas não conseguem diferenciar o que é pessoal do que é trabalho, quando debatem os problemas da comunidade, que fica mais claro o papel de reconfiguração da esfera pública local desempenhado pela Rádio União.

Bastante envolvido em atividades e projetos voltados para o desenvolvimento cultural do Morro do Papagaio, Juvenal percebe que a maior parte da "população não descobriu ainda a riqueza da rádio", pois está presa à idéia de que "o que é do morro não presta". Aprofundando em suas reflexões, ele enfatiza que não se pode afirmar que a equipe da rádio deseja se desenvolver na "comunidade", já que ela montou uma TV comunitária no Morro que foi ao ar uma única vez e todos os equipamentos foram roubados no dia seguinte por pessoas da própria "comunidade", e nada foi feito para recuperá-los. "Um bem coletivo não foi entendido como coletivo. Não notaram a importância de uma TV comunitária e não se mobilizaram para ter os equipamentos de volta".

Com larga experiência em trabalhos sociais em sua comunidade, Reginaldo Mansueto faz críticas quanto à programação, reforça a sugestão dos líderes das duas localidades e sugere à direção da Rádio União esclerar à população que a emissora é comunitária e, portanto, pertence à comunidade.

> As pessoas ligam e só ouvem música, não recebem muita informação e acham que é uma rádio qualquer. Mas, a partir do momento em que souberem que a emissora está lá pra ajudar, elas vão procurá-la mais.

Também na concepção de irmão Jair, é preciso conscientizar a população sobre o que é uma rádio comunitária.

> Falta provocar no povo essa responsabilidade. Quando você provoca na comunidade a consciência de que a sociedade se constrói em comunidade, em ajuda mútua, o povo abraça a causa.

O religioso acredita que o caminho é a participação mais ativa da "comunidade" na vida da rádio.

> A "comunidade" tem que assumir a rádio, e a rádio tem que dar formação de consciência crítica, consciência humana. [...] Sabemos que a rádio passa por

> dificuldades [...] se a comunidade assumisse mais a
> rádio, talvez ela desse uma guinada [...].

Como pode-se perceber, representantes das duas "comunidades" pesquisadas destacam a necessidade das emissoras comunitárias esclarecerem as populações sobre suas características e sistema de funcionamento.

A mesma linha de pensamento é reforçada por líderes comunitários de Brumadinho, como Rosa Elane e irmão Jair. Ela percebe que a mobilização social promovida pelas associações comunitárias sofreu desaquecimento nos últimos anos, e acredita que atualmente a "comunidade" se organiza principalmente quando surgem necessidades mais prementes, por exemplo, resolver problemas práticos como reparos na rede de esgoto. Mas ao solucionar a questão, segundo Rosa Elane, a "comunidade" se separa. "Eles não percebem que se se reunirem vão ter mais força e que a rádio pode ser parceira deles, ajudando a expor e discutir os problemas".

Manter acesa a chama da mobilização

Oportuno enfatizar a capacidade de as emissoras radiofônicas comunitárias manterem acesa a chama da mobilização da população. Como enfatizado anteriormente, o papel de organização da comunidade deve ser desenvolvido pela entidade representativa local, mas a emissora tem amplas condições, e é essa uma de suas principais obrigações, de renovar permanentemente o espírito comunitário.

Para padre Mauro, do Aglomerado Santa Lúcia, a Inter-FM mostra-se acessível à participação da comunidade.

> As informações que eu tenho dão conta de que ela está aberta, deseja isso e convida as pessoas a participarem. Mas eu não sei se a "comunidade" já se apropriou desse recurso... eu sinto que a comunidade não se utiliza tanto assim desse recurso.

Ele aponta ainda como empecilho para a efetiva reconfiguração da esfera pública o hábito de algumas pessoas desvalorizarem o que é nativo, quando pontuam: "ah, eu conheço o fulano, ele é meu vizinho, e não vou ficar ouvindo ele falar".

Na percepção de Rita de Cássia Costa da Silva, a Inter-FM, de Brumadinho, é um "veículo poderoso para a circulação de informação [...] Ela tanto serve para que um saiba do outro quanto o que uma associação está fazendo, o que a outra está propondo". Para a psicóloga, a população local sempre se faz presente na programação da Inter-FM, seja solicitando músicas ou comentando sobre uma questão destacada pela emissora.

A análise das entrevistas com os líderes comunitários das duas localidades, em que se procurou identificar se as emissoras comunitárias contribuem ou não para a reconfiguração da esfera pública local, foi norteada pelas reflexões de Jürgen Habermas sobre tal conceito. Levou-se em consideração também as críticas de outros autores que atualizaram as noções iniciais do filósofo alemão sobre o conceito de esfera pública num contexto em que as relações sociais são marcadas pela centralidade da comunicação midiática.

A analogia implícita no depoimento de Davi Amaral, do Aglomerado Santa Lúcia, ao mostrar a Rádio União como sendo uma segunda associação de moradores, está estreitamente relacionada com a noção de esfera pública em Habermas. Nesse sentido, não apenas o movimento pela defesa das emissoras radiofônicas comunitárias é ilustrativo do conceito, mas também a própria entidade representativa dos habitantes do Morro do Papagaio, na medida em que ambas figuram entre as diversas formas de grupamentos civis que possibilitam o surgimento de esferas públicas na sociedade civil contemporânea. Esses são exemplos da redescoberta da sociedade civil, que se converte na questão central da análise da esfera pública contemporânea.

Tais considerações oferecem oportunidade para confrontar a definição de esfera pública originalmente por Habermas, que abrigava entre seus participantes apenas os homens com determinado nível socioeconômico e boa educação, excluindo os escravos e estrangeiros. Como se pôde observar a partir do entendimento dos entrevistados quanto ao conceito de cidadania e de como funciona a esfera pública no contexto atual, considera-se que ambos os elementos têm hoje visão mais ampliada, sobretudo nas "comunidades" estudadas, visto que as mulheres representam elevado nível de participação nas discussões e decisões que ocorrem em suas localidades. No Aglomerado Santa Lúcia, por exemplo, o contingente feminino compõe 52,10% da população local que é alfabetizada.[26]

Reforçar a dimensão pública da rádio

As críticas da liderança comunitária do Morro do Papagaio parecem sinalizar o desejo de se reforçar a dimensão pública das emissoras comunitárias, e, por conseqüência, o seu papel na reconfiguração da esfera pública local. Essa percepção torna-se mais clara a partir da afirmação de Reginaldo Mansueto de que a equipe da Rádio União mostra-se pouco voltada para a comunidade e não incentiva a participação popular nas reuniões do Orçamento Participativo. Da mesma forma, o padre Mauro e o presidente da Associação dos Universitários do Aglomerado da Serra, Juvenal Gomes, esperam que a "comunidade" descubra a riqueza da rádio e amplie sua participação na programação da emissora local.

Alguns líderes comunitários de Brumadinho igualmente manifestaram desejo de que haja maior participação popular na administração e na definição da programação da Inter-FM, como irmão Jair e Valdeci Pereira. Diante dessas e de outras críticas quanto à administração e ao próprio comportamento dos locutores no desempenho de suas funções, constata-se que a "comunidade", por intermédio dos seus representantes, reclama

---

[26] Segundo informação divulgada pelo site da Prefeitura Municipal de Belo Horizonte: Disponível em: <http://www.pbh.gov.br> Acesso em: 08 jan. 2006.

maior participação na emissora comunitária, justamente por reconhecê-la como canal legítimo de informação e comunicação.

Mas essas considerações devem ser analisadas com mais cautela, especialmente diante da afirmação dos líderes comunitários padre Mauro e Patrocínia Fulgêncio, do Aglomerado Santa Lúcia, que apontam que, embora a Rádio União mostre-se aberta e acessível à participação da comunidade na sua rotina operacional, a própria população ainda não se utiliza do recurso.

Entende-se que não basta convidar a população a participar da rádio. É preciso criar condição para que, de fato, as pessoas se envolvam no cotidiano e no "fazer rádio comunitária". Deve-se avaliar melhor se há canais abertos e desobstruídos para a participação popular. Importante ainda se atentar para a diferenciação entre participação e interação, na medida em que o segundo termo tem maior abrangência e pressupõe também dividir as decisões quanto, por exemplo, à programação.

Acredita-se que a partir da reclamação de alguns entrevistados, como o padre Mauro e a pastora Elizabeth, de que determinados locutores utilizam palavras inconvenientes no microfone da Rádio União ou que não agiram com ética, seja possível estabelecer conexão com o pensamento defendido por Habermas (1997), quando este afirma que o compartilhamento de espaços para trocas intersubjetivas possibilita aos participantes da esfera pública se posicionarem perante a fala dos outros. Percebe-se que os líderes comunitários do Aglomerado Santa Lúcia são ouvintes com certo grau de consciência crítica, razão pela qual se sentem indignados com o comportamento dos radialistas que utilizam palavras chulas e têm comportamento inadequado a um meio de comunicação comunitária. A atuação da Rádio União na ampliação dos diálogos entre a população e os dirigentes de órgãos e entidades presentes no Morro do Papagaio, enfatizada por Marcos Guimarães, encontra igualmente ressonância no aporte teórico de Habermas sobre a esfera pública contemporânea e midiatizada.

Oportuno chamar a atenção para a semelhança constatada entre a gênese da esfera pública plebéia e a do movimento pela democratização da comunicação, na medida em que as duas iniciativas se deram em virtude da exclusão de imensa maioria de pessoas do processo de produção e de circulação de mensagens. Explica-se melhor: de acordo com a revisão de Habermas (1999, p. 9), a esfera pública plebéia nasceu por causa da "exclusão das classes inferiores, mobilizadas cultural e politicamente". É a pluralidade de esferas públicas. A mesma exclusão marcou a gênese do movimento das emissoras radiofônicas como alternativa àquelas que compunham o cenário hegemônico da área, entre as quais as comunitárias que, como destacado por vários autores, a exemplo de Denise Cogo (1998) e Cicília Peruzzo (1998), foram criadas para satisfazer as necessidades populares de expressar suas realidades, culturas e vivências.

Da mesma forma, os depoimentos dos líderes sobre a participação das emissoras na reconfiguração da esfera pública local podem ser analisados a partir de sua ancoragem com a reflexão dos críticos de Habermas. Para John Thompson (1998), por exemplo, os receptores dos produtos da mídia não são passivos, como afirmara inicialmente o filósofo alemão, já que, segundo ele, o próprio movimento em favor das rádios comunitárias, de forma clara, imprime ações reativas e proativas contra a hegemonia no campo da comunicação.

Comunidades têm bom nível de mobilização

Outro crítico de Habermas cujas idéias mostram coerência com a prática das rádios comunitárias, Wilson Gomes enfatiza o poder argumentativo da mídia, excluída das primeiras noções do estudioso alemão. Conforme se constatou pelos resultados da pesquisa, as duas emissoras mostram considerável poder de expressão e mobilização das comunidades em torno de temas de interesse coletivo – o que pode ser percebido no formato do programa do presidente da Inter-FM, Leci Strada, e pelo programa Manhã Alegre, comandado por Marino Santana na Rádio União. Outra discussão de Wilson Gomes (1997) tem afinidade com o uso democrático das rádios comunitárias, quando ele lembra que a nova esfera pública, independentemente do jugo estatal, permite que as próprias atividades do Estado sejam confrontadas e sujeitas às críticas. O autor faz referências ainda à existência de uma esfera pública contemporânea mais sedutora – como a possibilitada pela irreverência popular das rádios comunitárias pesquisadas –, em oposição à esfera pública sisuda, argumentativa e séria entendida por Habermas.

Os estudos de Hannah Arendt (1981) sobre a esfera pública casam-se claramente com as respostas dos líderes comunitários entrevistados e, de forma bastante evidente, estabelecem uma ponte com a dimensão do reconhecimento. Ao afirmar que a esfera pública multiplica a audiência familiar, estendendo não apenas as mensagens, mas também a performance do orador à multidão de espectadores, Arendt (1981, p. 67) traz uma discussão que pode ser percebida na vivência dos atores sociais ligados às emissoras comunitárias, mais precisamente à satisfação de quem dá depoimentos no principal meio de comunicação de sua comunidade. Importante mencionar que a analogia empregada na solicitação aos respondentes para que imaginassem as rádios comunitárias como sendo praças públicas onde as pessoas se encontram para falarem de temas comunitários foi inspirada no pensamento de Hannah Arendt (1958) para explicar a ágora, espaço público da Roma Antiga.

Mostram-se adequadas as críticas de Arato e Cohen, citados por John Downing (2002), ao sentido estático e localista da visão tradicional da esfera pública, razão pela qual faz junção entre esta e os movimentos sociais. A despeito da dimensão local das rádios comunitárias, ele acredita que elas não têm "sentido estático", pois atuam de forma dinâmica nas comunidades, conforme revelado na pesquisa de campo com os locutores, programadores e líderes comunitários.

A consideração de Downing (2002) de que a conversa pública no interior dos movimentos sociais é moldada pelos estímulos capitalistas e de ordens sociais racionalizadas não foi identificada nesta pesquisa de campo. O que se percebeu na rotina das rádios comunitárias pesquisadas foi, ao contrário, a descentralização da produção e da circulação de símbolos culturais. Exemplo disso é que a definição dos conteúdos programáticos transmitidos pelas emissoras fica a cargo dos programadores, também moradores da "comunidade", que adotam o modelo segundo os interesses de seus ouvintes.

A despeito da não-comprovação dessa questão, as considerações de Downing são bastante pertinentes às reflexões deste livro, que destaca o alargamento da democratização da comunicação e da esfera pública a partir da atuação das rádios nas comunidades pesquisadas, em contraposição ao que ocorre no seio da grande imprensa (a imprensa privada), que não alimenta a livre conversação pública.

Percebe-se que as abordagens aqui realizadas a partir das reflexões dos respondentes sobre a reconfiguração da esfera pública conduzem a análise para as considerações de Martim-Barbero,[27] segundo o qual não é a TV que reconfigura a esfera pública, mas os telespectadores é que a reconfiguram ao colocarem em discussão no seu cotidiano os temas agendados pela mídia. Pode-se depreender, portanto, que a reconfiguração da esfera pública não se dá somente a partir do que as rádios comunitárias veiculam, mas, sobretudo, a partir do que as pessoas vão discutir, dialogar e interagir sobre tais questões. Daí a relevância de os meios de comunicação priorizarem temáticas intimamente relacionadas com a realidade do seu público, ou seja, dos seus ouvintes em potencial.

Nem tudo são flores

A pesquisa de campo revelou que, embora as rádios comunitárias tenham seu trabalho reconhecido e legitimado pelas comunidades onde estão inseridas, os líderes entrevistados apontam uma série de contradições e limitações na

---

[27] Em entrevista ao programa *Roda Viva*, transmitido pela TV Cultura em fev. 2003.

atuação de tais emissoras. Acredita-se que essas discrepâncias sejam decorrentes do dinamismo da relação entre os atores, além da pluralidade de expectativas e demandas das populações. Não se pretende aqui detalhar todas as críticas – mesmo porque elas são claramente pontuadas pelos entrevistados –, mas apenas chamar a atenção para a existência de alguns descontentamentos e discordâncias dos ouvintes quanto à atuação das emissoras analisadas neste trabalho.

Dentre as reclamações destaca-se, por exemplo, o depoimento de um líder segundo o qual a Rádio União se afasta de temas e interesses comunitários, ao tornar sua programação semelhante à das emissoras comerciais. Como se poderá constatar, também um entrevistado de Brumadinho reclamou da ausência da equipe de repórteres da Inter-FM na cobertura de um evento importante para a comunidade do Residencial Bela Vista.

Os respondentes das duas localidades destacaram a importância de realização de campanhas para esclarecer as pessoas sobre o que é, como funciona e de que forma a população pode participar da rotina de trabalhos de uma rádio comunitária. Eles acreditam que, se as pessoas souberem que esse tipo de emissora contempla a colaboração e a participação populares, o envolvimento das comunidades será maior.

Líderes religiosos do Aglomerado Santa Lúcia reclamaram da postura de locutores que utilizam o microfone para darem depoimentos pessoais e, numa atitude pouco profissional e menos ainda apropriada para um profissional de veículo comunicação comunitária, denigrem a imagem de algumas pessoas. O padre Mauro e outros entrevistados apontam que a Rádio União, por meio das músicas transmitidas e até por algumas falas de determinados locutores, reforça a imagem pejorativa dos moradores de favela. Maior contribuição da Rádio Inter-FM na construção da cidadania foi também cobrada por irmão Jair, de Brumadinho.

Diante do exposto, sugere-se que movimento das rádios comunitárias incentive a participação de locutores e

191

programadores em programas de qualificação dos agentes que atuam nessas emissoras, contemplando não somente aspectos técnicos e estéticos da produção de programas radiofônicos, como também questões éticas, políticas e culturais que, como vimos, provocam tensões e contradições na atuação dessas emissoras.

CONSIDERAÇÕES FINAIS

Este trabalho objetivou analisar o movimento das rádios comunitárias e sua inserção no processo democrático brasileiro, bem como a relevância desses veículos de comunicação alternativos como mecanismos de ampliação e fortalecimento cívico. A realização desse livro é resultante da observação de que, num panorama intensamente caracterizado pela expansão das modernas tecnologias de comunicação e informação, grande contingente de pessoas em todo o País insiste em utilizar tais veículos para expressarem suas demandas e culturas, para, enfim, darem sua contribuição ao desenvolvimento de práticas sociocomunicacionais horizontais e democráticas e, dessa forma, participarem da vida pública.

As discussões sobre as rádios comunitárias referenciaram-se inicialmente nas noções iniciais de Jürgen Habermas sobre a esfera pública, bem como sobre a revisão do conceito pelo próprio autor e por seus críticos. Nesse sentido, evidenciou-se a importância dessa instância de participação da sociedade civil, mas, aplicado ao contexto atual, o conceito do filósofo alemão ganha novos significados e vem revestido por um dinamismo forjado no cotidiano das comunidades. As contribuições dos autores que revisaram as idéias do estudioso mostram-se mais próximas da realidade analisada neste livro, já que a esfera pública atual se configura de maneira completamente diferente daquela representada nos primeiros estudos de Habermas.

A onipresença das informações, a velocidade com que essas são produzidas e distribuídas fazem com que a esfera pública seja não só diferente daquela inicialmente concebida pelo estudioso alemão – que previa a co-presença num mesmo espaço físico, a exclusão de estrangeiros, de escravos e das mulheres e que considerava apenas os homens com um mínimo de educação –, como é uma nova a cada dia, em face do dinamismo do panorama contemporâneo e da própria movimentação da sociedade organizada. Isso pode ser verificado a partir da possibilidade de participação mais ampla de todas as pessoas da comunidade, independente do nível socioeconômico e cultural, incluindo os diferentes segmentos, a exemplo do público feminino. Essa percepção não se reveste de romantismo, mas, ao contrário, da constatação de que os grupamentos estudados criam diariamente condições de sobrevivência, de vínculos e interações sociais, outras formas de estabelecer comunicação com seus pares e com os contextos micro e macro nos quais estão inseridos.

Indaga-se se esse cenário permeado por adversidades e desigualdades contribuirá para forjar um novo homem, um novo cidadão e uma nova prática comunicacional. Essa possibilidade mostrou-se de forma clara durante a realização da pesquisa, quando se percebeu o grau de envolvimento e de comprometimento dos líderes entrevistados com iniciativas voltadas para a transformação e a melhoria das condições de vida da coletividade, assim como com a democratização da comunicação. É significativo o nível de mobilização social apresentado pelas duas comunidades analisadas, especialmente em decorrência da ação das duas emissoras pesquisadas.

O foco deste trabalho voltou-se ainda para verificar em que medida as rádios comunitárias, a partir da sua atuação na reconfiguração da esfera pública, contribuem para o reconhecimento do sujeito, como cidadão, e para a construção das relações com sua comunidade e com os grupos aos quais ele se sente ligado. Esse foco foi alargado, já que o indivíduo busca também o reconhecimento do Estado, como forma de ampliar seus direitos.

Verificou-se, por sua vez, que o reconhecimento é um mosaico composto por várias esferas e elementos, em que as identificações, as abstrações, as dimensões de subjetividade, as aspirações e os desejos formam um todo, um espectro maior que compõe o homem/cidadão. Entre tais dimensões destacam-se a cidadania e a identidade, cujos processos de formação encontram-se estreitamente ligados e podem ser, em larga medida, analisados em consonância com a proposta das rádios comunitárias. Foi possível atestar ainda que o sentido de comunidade permeia as reflexões dos respondentes da pesquisa, mostrando afinidade com as considerações dos autores contemplados no aporte teórico deste trabalho.

Como já ressaltado neste estudo, a pesquisa revelou que o conceito de cidadania é ambíguo e permite inúmeras interpretações. Constatou-se que, ainda que tal conceito mostre-se difuso e por vezes complexo para alguns respondentes, esses são bastante objetivos ao analisarem em que medida essa dimensão é vivenciada no dia-a-dia da sua comunidade e na relação estabelecida com a rádio comunitária local. Percebeu-se, com base nas respostas dos líderes entrevistados, que as populações do município de Brumadinho e do Aglomerado Santa Lúcia estão atentas à necessidade do exercício diário da construção do significado da cidadania, o que não significa que tal prática seja efetivamente concretizada. Mas eles sabem que a cidadania é construída coletivamente.

Essa situação foi verificada com maior ênfase tanto entre os moradores do Aglomerado Santa Lúcia quanto entre as das comunidades periféricas de Brumadinho. Acredita-se que, justamente em face das precárias condições de vida e das próprias desigualdades socioeconômicas e culturais que lhes são colocadas, os moradores das duas comunidades têm maiores ou mais freqüentes oportunidades de exercitarem a busca da condição de ser cidadão.

A pesquisa atestou, à luz dos conceitos abordados pelos autores no aporte teórico deste trabalho, que – cada uma a seu modo e com suas especificidades –, as duas rádios comunitárias analisadas contribuem para o processo de construção da cidadania das populações estudadas. Tais contribuições advêm, sobretudo, da divulgação de informações de interesse coletivo, das campanhas de vacinação, de doação de sangue e de limpeza urbana que realizam, assim como, por exemplo, do incentivo à participação dos moradores em ações e programas comunitários voltados para a melhoria e o desenvolvimento das comunidades.

Considera-se como contribuição da Rádio União para a construção e a consolidação do sentimento de cidadania dos moradores do Aglomerado Santa Lúcia a participação em iniciativas da comunidade, como, por exemplo, na campanha Viva a vida, viva a vila!, em que a população se reuniu para exigir a construção de uma passarela na entrada do Aglomerado. Acredita-se que esse foi um exercício coletivo, comunitário, de construção da cidadania.

Da mesma forma, a pesquisa atestou a atuação das emissoras comunitárias Inter-FM e União no processo de construção da formação das identidades pessoal e coletiva das duas comunidades. Essa constatação pode ser evidenciada, por exemplo, no apoio à realização do Projeto Memória, na divulgação de grupos musicais locais e na transmissão da missa católica e de programas de outras religiões pela rádio do Aglomerado Santa Lúcia, assim como pelo incentivo às festas religiosas, congados e folias de reis e pela realização de cultos religiosos pela emissora de Brumadinho.

Mas igualmente foi comprovado pelo estudo que, embora os próprios líderes percebam que a relação entre comunidade e emissora comunitária é "via de mão-dupla", muitos deles não dão a contrapartida e não cultivam o hábito de enviarem sugestões de pauta para as rádios comunitárias. Essa questão foi observada principalmente na comunidade de Brumadinho.

Conforme também ressaltado na interpretação da pesquisa, não se pode concluir que a proximidade física das comunidades com as rádios seja determinante para reconfigurar relações mais estreitas entre ambas, mas constatou-se maior participação dos moradores do Aglomerado Santa Lúcia na rotina da Rádio União, do que entre a população de Brumadinho e a Rádio Inter-FM. Importante considerar que, como determina a lei que regulamenta o serviço de radiodifusão comunitária, a Rádio Inter-FM utiliza uma antena de apenas 25 watts, o que acaba por limitar o alcance de suas transmissões.

Percebeu-se, nesse sentido, certa acomodação de parte das lideranças entrevistadas sobre as emissoras estudadas, pelo fato de que essas mais esperam das rádios do que efetivamente contribuem para que cumpram seu papel social. A pesquisa permitiu entender também que, de maneira geral, as comunidades percebem que a maior contribuição das emissoras é mesmo pela via da transmissão de informação e pela divulgação de notícias e acontecimentos.

Entende-se que a prioridade em veicular temas de interesse coletivo que contribuam para o desenvolvimento intelectual, socioeconômico, cultural e para a formação de consciência crítica da população deve nortear a rotina de trabalho de todo e qualquer meio de comunicação, sobretudo, e principalmente, os comunitários. Mas sabe-se também que existem inúmeras formas de as rádios comunitárias contribuírem para o desenvolvimento das comunidades onde estão instaladas, como, por exemplo, incentivar e apoiar a promoção de iniciativas da comunidade e que atendam às suas necessidades socioeconômicas e culturais, sensibilizar e mobilizar a população para participar de campanhas educativas, estimular a comunidade a participar nas entidades locais e movimentos sociais, entre outras.

A constatação desse tipo de relação existente entre as populações e as rádios comunitárias remete às reflexões do presidente da Rádio Inter-FM, segundo as quais a comunidade está interessada apenas nos benefícios que a emissora lhe assegura. Ainda que tal percepção seja legítima e deva ser considerada, porque foi reiterada por Leci Strada em várias oportunidades, a pesquisa permite inferir que um novo sentido deve pontuar essa relação. Os próprios entrevistados já deram boas sugestões que, acredita-se, sirvam para ambas as emissoras focalizadas na pesquisa: informar às populações que elas possuem uma rádio comunitária, esclarecer qual é a função social e de que maneira pode-se construir efetiva participação da comunidade na rotina de trabalho desses veículos. É preciso que se entenda que "a comunidade tem uma rádio e que a rádio tem uma comunidade", como afirmou o presidente da ABRAÇO-BH, João Reis.

Ainda que algumas ações e iniciativas das duas emissoras em benefício das comunidades estejam mais vivas nas memórias dos programadores do que nas dos líderes entrevistados, percebe-se que as rádios estudadas demonstram preocupação com a coletividade. Certificou-se, no entanto, que tal preocupação vem, às vezes, mesclada com alguma contaminação do modelo praticado pelas emissoras comerciais, como, por exemplo, quando o líder Valdeci Pereira reclamou que a Inter-FM prioriza a cobertura de determinados eventos no município.

A mesma percepção foi enfatizada quando Reginaldo Mansueto apontou que a Rádio União está perdendo suas características de emissora comunitária, ao se distanciar dos temas de interesse coletivo. Acredita-se que essas reclamações, que podem ser entendidas também como o efetivo uso do direito dos cidadãos de darem suas opiniões, compõem a maneira pela qual a população participa da esfera pública comunitária local.

Relevante destacar que a Rádio Inter-FM demonstrou efetiva contribuição para a reconfiguração da esfera pública das comunidades onde atua, chegando a interferir na vida pública local e na administração municipal. Essa emissora teve relevante papel na conscientização sociopolítica e cultural da comunidade local e, como rara exceção, participou do processo de discussão política que culminou na cassação do mandato do prefeito municipal.

No contemporâneo contexto midiático dos grandes centros urbanos, cujas esferas públicas são atravessadas por uma pluralidade de grandes veículos de comunicação que concorrem com a mídia popular, a riqueza e as particularidades das emissoras comunitárias, conforme este estudo abordou, podem ser evidenciadas justamente pelas dificuldades e desafios do cotidiano. Verificou-se que mesmo naquelas rádios autorizadas a funcionar pelo Ministério das Comunicações são grandes os desafios e as dificuldades para executarem seus trabalhos.

Das duas comunidades estudadas, a do Aglomerado Santa Lúcia mostra trabalho mais coletivizado e maior nível de organização para manter em funcionamento a sua rádio comunitária. Importante considerar ainda que o presidente da Rádio Inter-FM não conseguiu a ajuda financeira da população de Brumadinho quando realizou uma campanha para resolver problemas financeiros da emissora.

Os resultados da pesquisa reforçam que a importância das rádios comunitárias está, sobretudo, no fato de que, por estarem mais próximas da população e por serem mais acessíveis à sua participação – tanto na definição da programação quanto por falarem de temas e fatos mais diretamente relacionados à sua rotina – parecem exibir o retrato de seus ouvintes. Infere-se se isso não lhes dá a sensação de viverem em comunidade, de não estarem isolados. Entende-se que essas possibilidades proporcionadas pelas rádios comunitárias não são oferecidas pelas emissoras comerciais.

Em face de tais considerações, ressalta-se a grande ascensão dessas emissoras sobre o crescente contingente populacional que recebe o sinal por elas transmitido. Imagine-se o que é possível fazer se esse potencial for utilizado como instrumento de educação e de formação de consciência crítica. Ou se o movimento pela legalização das rádios comunitárias for amparado por uma legislação que reflita a preocupação dos poderes Executivo e Legislativo com o desenvolvimento socioeconômico, político e cultural da população.

Considera-se oportuno ainda destacar que o potencial das rádios comunitárias pode ser mais bem trabalhado pelas Organizações Não Governamentais, pelo Terceiro Setor, pelos organismos governamentais e pelos próprios movimentos sociais. Como se pôde, verificar, sobretudo no depoimento dos líderes entrevistados, as emissoras radiofônicas comunitárias são importantes canais não apenas de comunicação, mas também de interação social e de prestação de serviços.

Necessário refletir criticamente sobre a atuação e a postura dos grupos que defendem a legalização das rádios comunitárias, que se mostram mais dependentes de iniciativas do governo federal, no que se refere aos aspectos legais, e menos pró-ativos. As políticas públicas devem ser feitas pela coletividade. Reconhece-se, porém, que as rádios comunitárias não esperam autorização do Ministério das Comunicações para funcionar. Elas estão no ar, sob o risco de serem fechadas.

As experiências das rádios comunitárias Inter-FM e União apresentam diferenças e similaridades com as emissoras convencionais, pois, como esta pesquisa revelou, ao mesmo tempo em que buscam romper com o modelo vertical de comunicação e com a lógica comercial vigentes no setor, elas têm como referência determinados formatos de programação das emissoras comerciais. No entanto, apesar das grandes dificuldades e limitações das rádios comunitárias no Brasil, em particular as emissoras da Região Metropolitana de Belo Horizonte analisadas neste estudo, essas experiências enfatizam um modelo comunicativo democrático e colaboram para reconfigurar a esfera pública midiática na região, ainda que de forma embrionária e descontínua.

Além disso, elas contribuem para a formação e a consolidação de identidades locais, como também abrem espaço para o exercício da cidadania. Nesse sentido, tais emissoras podem ser consideradas como práticas comunicacionais que têm possibilitado a pluralização das vozes, enfim, a formação de esferas públicas locais mais plurais e democráticas.

Referências

ALEXANDER, Jeffrey. Ação coletiva, cultura e sociedade civil: secularização, atualização, inversão, revisão e deslocamento do modelo clássico dos movimentos sociais. *Revista Brasileira de Comunicação Social*, v. 13, n. 37, jun. 98.

ARENDT, Hannah. *A condição humana*. VI ed. São Paulo: Forense Universitária, 1958.

ARROYO, Carlos M. *Rádios comunitárias ayamaras, participación y democratización de la comunicación*. Tese (Doutorado em comunicación social). FELAFACS, San Juan, 2003.

BARROS FILHO, Clóvis. *Ética na Comunicação: da informação ao receptor*. São Paulo: Moderna, 1995.

BAUMAN, Zigmunt. *Comunidade: a busca por segurança no mundo atual*. Rio de Janeiro: Zahar, 2003.

BOBBIO, Norberto. *A era dos direitos*. Rio de Janeiro: Campus. 1992.

BOURDIN, Alain. *A questão local*. Rio de Janeiro: DPS&A. 2001.

BOURDIEU, Pierre. A economia das trocas lingüísticas. In: ORTIZ, Renato; FERNANDES, Florestan (Coord.). *Pierre Bourdieu*. São Paulo: Ática, 1994. (Coleção Grandes Cientistas Sociais, 39).

BRETON, Phillippe; PROULX, Serge. *A explosão da comunicação*. Lisboa: Editorial Bizâncio, 1997.

BRUYNE, P.; HERMAN, J.; SCHORETHEETE, M. *Dinâmica da Pesquisa em Ciências Sociais: os pólos da prática metodológica*. Rio de Janeiro: CELATS, 1991.

CANELAS RUBIN, Antônio Albino. *Comunicação e política*. São Paulo: Hacker, 2000.

CARVALHO, José Murilo de. *Cidadania no Brasil*. Rio de Janeiro: Civilização Brasileira, 2001.

CASTELLS, Manuel. *A era da informação: economia, sociedade e cultura*. São Paulo: Paz e Terra, 1999. (O poder da identidade, v. 2).

CARDOSO, Ruth Corrêa Leite. *A trajetória dos movimentos sociais*. In: DAGNINO, Evelina (Org.). *Anos 90: política e sociedade no Brasil*. São Paulo: Brasiliense, 1994.

COELHO Neto, Armando. *Rádio comunitária: direito de antena: o espectro eletromagnético como um bem difuso*. São Paulo: Ícone, 2002.

COGO, Denise Maria. *No ar... uma rádio comunitária*. São Paulo: Paulinas, 1998.

DAGNINO, Evelina (Org.) *Anos 90: política e sociedade no Brasil*. São Paulo: Braziliense, 1994.

DE SOUZA, Sérgio Euclides. *Concessões de radiodifusão no Brasil: a lei como instrumento de poder*. Dissertação (Mestrado em Comunicação Social), Universidade de Brasília, Brasília, 1990.

DETONI, Márcia. *Radiodifusão comunitária. Baixa potência, grandes mudanças? Estudo do potencial das emissoras comunitárias como instrumento de transformação social*. Dissertação (Mestrado em Comunicação Social). Universidade de São Paulo, São Paulo, 2004.

DIREITO à comunicação no Brasil – Intervozes – Coletivo Brasil de Comunicação Social. Projeto de Governança Global. Apoio Fundação Ford, 2005.

DOSSIÊ Fórum Social Mundial. *Querem calar a voz do povo! A violência contra as rádios comunitárias no Brasil*. Brasília: Associação Brasileira de Radiodifusão Comunitária *et al.*, 2005.

DOWNING, John D. H. *Mídia radical – rebeldia nas comunicações e movimentos sociais*. São Paulo: Editora Senac, 2002.

FRANÇA, Vera Veiga. *Críticas e proposições ao modelo clássico da comunicação*. Trabalho apresentado no Congresso da Compós, Brasília: 2001.

FONSECA, Izabel Costa da; CUNHA, Joana Tavares Pinto da; FREITAS, Rodrigo César Gomes de. *Estratégias de comunicação do MST na esfera pública*. Belo Horizonte: PUC Minas, 2004.

FREIRE, Paulo. *A educação como prática da liberdade*. Rio de Janeiro: Paz e Terra, 1981a.

FREIRE, Paulo. *Extensão ou comunicação?* Petrópolis: Vozes, 1981b.

GEERTS, Andrés; OYEN, Victor van. *La radio popular frente al un'evo siglo: estudio de vigencia e incidencia*. Quito, Equador: ALER, 2001.

GOHN, Maria da Glória. Cidadania, meios de comunicação de massa, associativismo e movimentos sociais. In: PERUZZO, Cicília Maria Krohling; ALMEIDA, Fernando Ferreira de (Orgs.). *Comunicação para a cidadania*. Salvador / São Paulo: Intercom, 2003.

GOHN, Maria da Glória. *Os sem-terra, ONG e cidadania*. 2. Ed. São Paulo: Cortez, 2000.

GOMES, Wilson. Esfera pública política e media: com Habermas, contra Habermas. VI Encontro Anual da Compôs. *Anais...* Rio Grande do Sul: Unisinos, 1997.

GOMES, Wilson. Esfera pública: política e media II. In: *Práticas discursivas na cultura contemporânea*. Rio Grande do Sul: Unisinos, 1999.

GRISA, Jairo. *Histórias de ouvinte: a audiência popular no rádio*. Itajaí: Univali, 2003.

GUATARRI, Felix. *Rádios livres – a reforma agrária no ar*. São Paulo: Brasiliense, 1986.

HABERMAS, Jürgen. *A mudança estrutural da esfera pública*. Rio de Janeiro: Tempo Brasileiro, 1984.

HABERMAS, Jürgen. *Direito e democracia: entre facticidade e validade*. v. II. Rio de Janeiro: Tempo Brasileiro, 1997.

HABERMAS, Jürgen. O Espaço Público 30 anos depois. *Caderno de Filosofia e Ciências Humanas*, Belo Horizonte: UNI-BH, Ano III, n. 12, abr. 1999.

HABERMAS, Jürgen. *Reflexões ulteriores a respeito da esfera pública*. (mimeo)

HALL, Stuart. *A identidade cultural na pós-modernidade*. Rio de Janeiro: DP&A,1999.

HALL, Stuart. *Da diáspora: identidades e mediações culturais*. Belo Horizonte: UFMG, 2003.

HENRIQUES, Márcio Simeone (Org.) *Comunicação e estratégias de mobilização social*. 2. ed. Belo Horizonte: Autêntica, 2004.

HONNETH, Axel. A luta pelo reconhecimento – a gramática moral do conflito social. *Folha de S. Paulo*, São Paulo, n. 493, Caderno Mais!, 22 jul. 2001.

HOUAISS, Antônio; VILLAR, Mauro de Salles. *Dicionário Houaiss da Língua Portuguesa*. Rio de Janeiro: Objetiva, 2001.

JOVCHELOVITCH, Sandra. *Representações sociais e esfera pública: a construção simbólica dos espaços públicos no Brasil*. Petrópolis: Vozes, 2000.

KATZ, Elihu. A multiplicação dos media e a segmentação social. In: MARTINS, Francisco Menezes; MACHADO DA SILVA, Juremir (Orgs.). *A genealogia do virtual: comunicação, cultura e tecnologias do imaginário*. Porto Alegre: Sulina, 2004. p. 108-126.

LATTMAN-WELTMAN, Fernando. A esfera pública: do conceito à palavra de ordem. *Comunicação e Política*, Rio de Janeiro: Cebela, v. III, n. 1, 1996.

LIMA, Venício Artur de. *Mídia: teoria e política*. São Paulo: Fundação Perseu Abramo, 2001.

LIPOVETSKY, G. *O império do efêmero*. São Paulo: Companhia das Letras, 1989. 10

LOBATO, Elvira. FHC distribuiu rádios e TVs educativas para políticos. *Folha de S. Paulo*, São Paulo, p. A-6, 25 ago. 2002.

LOPES, Cristiano Aguiar. *Política pública de radiofusão comunitária no Brasil – Exclusão como estratégia de contra-reforma*. Dissertação (Mestrado) – Universidade de Brasília, Brasília, abr. 2005.

LUZ, Dioclécio. *Trilha apaixonada e bem-humorada do que é e de como fazer rádios comunitárias, na intenção de mudar o mundo*. Brasília: Edição do Autor, 2001.

LUZ, Dioclécio. As rádios comunitárias devem morrer. *Observatório da Imprensa*, n. 306, 7 dez. 2004. Disponível em: <www.observatoriodaimprensa.com.br>.

LUZ, Dioclécio. Os dez anos de uma lei troncha. *Observatório da Imprensa*, 26 fev. 2008. Disponível em: <http://observatorio.ultimosegundo.ig.com.br/artigos.asp?cod=474IPB001>.

LUZ, Dioclécio. *O medo nas rádios comunitárias*. Disponível em: <http://www.portalpopular.org.br/mb/sociedade/rnb-01.htm>. Acesso em 22 out. 2005.

MACHADO, Arlindo; MAGRI, Caio; MASAGÃO, Marcelo. *Rádios Livres: a reforma agrária no ar*. São Paulo: Brasiliense, 1986.

MAFRA, Rennan. *Entre o espetáculo, a festa e a argumentação: mídia, comunicação estratégica e mobilização social*. Belo Horizonte: Autêntica, 2008.

MAIA, Rousiley. A identidade em contextos globalizados e multiculturais: alguns dilemas da igualdade e da diferença. In: *Gerais: revista de comunicação social*, n. 50. Belo Horizonte: UFMG, 1999.

MANZANO, Nivaldo. Rádio comunitária: na rabeira do mundo. *Caderno da Cidadania*, 5 dez. 1997. Disponível em: <www.observatoriodaimprensa.com.br>.

MARCONDES FILHO, Ciro. *Quem manipula quem: poder e massas na indústria da cultura e da comunicação no Brasil*. Petrópolis: Vozes, 1986.

MARGARET, J. Wheatley; MYRON, Kellner-Rogers. O paradoxo e a promessa de comunidade. In: HESSELBEIN, Frances *et al. A comunidade do futuro*. São Paulo: Futura, 1998.

MARSHAL, T. H. *Cidadania, classe social e status*. Rio de Janeiro: Zahar Editores, 1967.

MEDITSCH, Eduardo. *O rádio na era da informação: teoria e técnica do novo radiojornalismo*. Florianópolis, SC: Editora da UFSC, 2001.

MIÈGE, Bernad. A multidimensionalidade da comunicação. In BOLAÑO, César Ricardo Siqueira (Org.) *Globalização e regionalização das comunicações*. São Paulo: EDUC, 1999.

OLIVEIRA, Valdir de Castro. *A reconfiguração do espaço público nas ondas das rádios comunitárias*. Belo Horizonte: UFMG, 2000.

OLIVEIRA, Valdir de Castro. 2001. Comunicação, identidade e mobilização social na era da informação. Trabalho apresentado no *VIII Simpósio da Pesquisa em Comunicação da Região Sudeste*. Vitória: Universidade Federal do Espírito Santo (UFES), 16-17 mar. 2001.

PAIVA, Raquel. *O espírito comum: comunidade, mídia e globalismo*. Petrópolis: Vozes, 1998.

PEREIRA DA SILVA, Josué Pereira da. Cidadania e reconhecimento. In: AVRITZTER, Leonardo; DOMINGUES, José Maurício (Orgs.) *Teoria e modernidade no Brasil*. Belo Horizonte: UFMG, 2000.

PERUZZO, Cicília Maria Krohling. *Comunicação nos movimentos populares: a participação na construção da cidadania*. 2. ed. Petrópolis: Vozes, 1999a.

PERUZZO, Cicília Maria Krohling. *Direito à comunicação comunitária, participação popular e cidadania*. Trabalho apresentado no Celacom / Endicom 2004, São Bernardo do Campo: 2004.

PERUZZO, Cicília Maria Krohling. Mídia comunitária, liberdade de comunicação e desenvolvimento. In: ALMEIDA, Fernando Ferreira de. *Comunicação para a cidadania*. Salvador / São Paulo: Intercom, 2003b.

PERUZZO, Cicília Maria Krohling. Mídia local e suas interfaces com a mídia comunitária. In: *Anuário Unesco/Umesp de Comunicação Regional*, São Bernardo do Campo: Umesp, n. 6, 2003.

PERUZZO, Cicília Maria Krohling. Participação nas rádios comunitárias no Brasil. In: MARQUE DE MELO, J.; CASTELO BRANCO, Samantha (Orgs.). *O pensamento comunicacional Brasileiro: o grupo de São Bernardo (1978-1998)*. São Bernardo do Campo: Umesp, 1999b.

PERUZZO, Cicília Maria Krohling (Org.). *Vozes cidadãs: aspectos teóricos e análises de experiências de comunicação popular e sindical na América Latina*. São Paulo: Angellara, 2004.

RICHARDSON, Roberto Jarry. *Pesquisa social: métodos e técnicas*. São Paulo: Atlas, 1989.

RUSCHEINSKY, Aloísio. *Metamorfoses da cidadania*. São Leopoldo (RS): Unisinos, 1999.

RICHARD, Sennett. *A corrosão do caráter: conseqüências pessoais do trabalho no novo capitalismo*. Rio de Janeiro: Record, 1999.

SELLTIZ, Claire; WRIGHTSMAN, Lawrence S.; COOK, Stuart W. *Métodos de pesquisa nas relações sociais*. v. 2. São Paulo: Editora Pedagógica e Universitária, 1982.

SILVEIRA, Paulo Fernando. *Rádios comunitárias*. Belo Horizonte: Del Rey, 2001.

SOARES, Ismar de Oliveira. *Do santo ofício à libertação*. São Paulo: Paulinas, 1988.

SODRÉ, Muniz. A máquina do narciso. In: *Televisão, indivíduo e poder no Brasil*. Rio de Janeiro: Achiamé, 1984.

SOUZA, Jessé. A dimensão política do reconhecimento social. In: AVRITZER, Leonardo; DOMINGUES, José Maurício (Orgs.). *Teoria e Modernidade no Brasil*. Belo Horizonte: UFMG, 2000.

SOUZA SANTOS, Boaventura. *Pela mão de Alice: o social e o político na pós-modernidade*. São Paulo: Cortez, 2000.

THOMPSON, John. *A mídia e a modernidade: uma teoria social da mídia*. Petrópolis: Vozes, 1998.

THIOLLENT, Michel *et al*. *Crítica metodológica: investigação social e enquete operária*. 5. ed. São Paulo: Polis, 1987.

TRIVIÑOS, Augusto Nibaldo Silva. *Introdução à pesquisa em ciências sociais: a pesquisa qualitativa em educação*. São Paulo: Atlas. 1987.

VIEIRA, Liszt. *Cidadania e globalização*. Rio de Janeiro: Record, 2000.

VIGIL, José Ignácio López. *¿Que faz comunitária uma radio comunitária?* Quito: Chasqui, 1995.

VIGIL, José Ignácio López. *Manual urgente para radialistas apaixonados*. São Paulo: Paulinas, 2003.

WOLTON, Dominique. As contradições do espaço público mediatizado. In: *Revista de Comunicação e Linguagens*, Lisboa: Cosmos, n. 21-22, Comunicação e Política, 1995.

YIN, Robert K. *Estudo de caso: planejamento e métodos*. Porto Alegre: Bookman, 2002.

Sites consultados

ASOCIACIÓN MUNDIAL DE RADIOS COMUNITARIAS. Disponível em: <www.amarc.org>.

INSTITUTO DE DESENVOLVIMENTO INTEGRADO DE MINAS GERAIS. Disponível em: <http://www.indi.mg.gov.br/>. Acesso em: 2 fev. 2006.

RÁDIO NETHERLANDS WORLDWIDE. Disponível em: <http://www.rnw.nl/community/>. Acesso em: jul. 2004.

RÁDIO FAVELA: Disponível em: <http://www.radiofavelafm.com.br/>. Acesso em: maio 2004.

Material audiovisual

RÁDIO E CIDADANIA (Fita VHS). Programa produzido pela Fundação Oswaldo Cruz/Canal Saúde.

JESUS MARTIN BARBERO (Fita VHS). Programa Roda Viva, pela TV Cultura/SP.

RÁDIOS COMUNITÁRIAS (Fita VHS). Produzido pela Abraço/BH.

QUALQUER LIVRO DO NOSSO CATÁLOGO NÃO ENCONTRADO NAS
LIVRARIAS PODE SER PEDIDO POR CARTA, FAX, TELEFONE OU PELA INTERNET.

Rua Aimorés, 981, 8° andar – Funcionários
Belo Horizonte-MG – CEP 30140-071

Tel: (31) 3222 6819
Fax: (31) 3224 6087
Televendas (gratuito): 0800 2831322

vendas@autenticaeditora.com.br
www.autenticaeditora.com.br

ESTE LIVRO FOI COMPOSTO COM TIPOGRAFIA BEMBO E IMPRESSO
EM PAPEL OFF SET 75G. NA FORMATO ARTES GRÁFICAS.